Horst-Dieter Radke

Sagen und Legenden aus Nürnberg

Impressum

Horst-Dieter Radke

Sagen und Legenden aus Nürnberg

1. Auflage 2024

Verlagsleitung: Sven Nieder

Lektorat: Bruno Hof
Korrektorat: Tim Becker

Titelbild: iStock.com/sergey_borisov
Illustration: iStock.com/VeraPetruk
Gestaltung Umschlag: Björn Pollmeyer
Innensatz: Kerstin Fiebig

Hergestellt in der Europäischen Union, Finidr, CZ

MIX
Papier aus verantwortungsvollen Quellen
FSC® C014138
www.fsc.org

ISBN 978-3-95540-403-1

www.regionalia-verlag.de

Horst-Dieter Radke

Sagen & Legenden aus Nürnberg

REGIONALIA
VERLAG

Inhalt

»Der ehrliche Scharfrichter«: Franz Schmidt richtet Hans Fröschel 1591 hin.
[Quelle: Public Domain, via Wikimedia Commons]

Vorwort

Nürnberg gilt als die größte Stadt Frankens und die zweitgrößte in Bayern. Den Blick nur auf Nürnberg zu richten, ist allerdings zu einseitig. Mit Fürth und Erlangen sowie Schwabach ergibt sich ein Ballungsraum – schöner gesagt: eine Metropolregion –, mit einer beachtlichen Ausdehnung und dichten Besiedlung mit zweieinhalb Millionen Menschen. Allein in der Stadt Nürnberg leben davon mehr als eine halbe Million. Obwohl Nürnberg erst spät urkundlich zu fassen ist – manches kleine Dorf in Franken ist älter –, sind die tausend Jahre, die Nürnberg vorweisen kann, äußerst geschichtsträchtig. Dass sich da viele Sagen und Legenden finden lassen, ist deshalb nicht verwunderlich.

In diesen Sagentopf habe ich hineingegriffen und ein Buch zusammengestellt. Dabei musste ich nicht mühsam suchen, denn die Quellenlage ist reich. Seit dem 18. Jahrhundert sind viele Legenden und Sagen aufgezeichnet und teilweise auch immer wieder neu und breiter erzählt worden. Das Problem lag eher darin, eine sinnvolle Auswahl zu treffen. Ich habe dabei auf der einen Seite solche Sagen und Legenden gewählt, die sich »verorten« lassen und diese zu zwei sagenhaften Spaziergängen durch die Altstadt zusammengestellt. Auf der anderen Seite habe ich aber auch das nähere Umland nicht vergessen, wobei manches davon heute selbst zur Stadt Nürnberg gehört. Erlangen hätte es verdient, mit seinen Sagen und Legenden berücksichtigt zu werden, musste jedoch außen vor bleiben, weil sonst der Rahmen dieses Buches gesprengt oder Nürnberg selbst weniger präzise abgebildet worden wäre. Kenner werden ohnehin die eine oder andere Sage vermissen, weil ich manches sehr bekannte gegen solches, was nicht so verbreitet ist, weggelassen habe. Anhand der Quellen, die ich zu jeder Sage kurz angegeben und im Anhang ausführlicher aufgelistet habe, kann sich jeder, der Interesse daran hat, ergänzend mit Nürnbergs Sagenlandschaft beschäftigen. Wie immer in meinen Büchern habe ich die Sagen bearbeitet, das altertümliche

Deutsch und die Rechtschreibung angepasst, mich dabei aber bemüht, den alten Duktus dieser Erzählungen nicht ganz auszumerzen. Manches, vor allem wenn verschiedene variantenreiche Quellen zu Grunde lagen, habe ich neu nacherzählt. Zusätzlich habe ich mich bemüht, Hintergrundinformationen zu den alten Texten zu finden, denn sonst wäre vieles für uns heute nicht mehr ohne weiteres verständlich.
Ich wünsche Ihnen eine sagenhafte Lektüre und vielleicht ergänzend auch Spaziergänge mit Blick auf die alten Geschichten durch die Stadt Nürnberg.

Horst-Dieter Radke
Dezember 2023

Nürnberg in alter Zeit

Seit wann es die Stadt Nürnberg gibt, weiß man nicht so genau. Urkundlich erwähnt wurde die Stadt erstmals im Jahr 1050. Geschichten über die Ansiedlung reichen jedoch weiter zurück und es geht die Sage, dass sie ehemals Neronesberg hieß, nach einem Hügel oder Felsen, auf dem die Römer einen Wartturm errichtet haben sollen. Heute sagen die Einwohner gerne ›Nämberch‹ zu ihrer Stadt und das ist klanglich jedenfalls näher an dem alten sagenhaften Namen als die Bezeichnung »nuorenberc« aus der Urkunde Kaiser Heinrich III.

Nürnbergs Ursprung

Um das Jahr 30 nach Christi Geburt soll der Stiefsohn des römischen Kaisers Augustus, Tiberius, mit einem seiner Heerhaufen in eine ebene, aber wilde Gegend des Nordgaues gekommen sein. Sie schien ihm aus strategischen Gründen für ein Winterlager seiner Legionen geeignet. Mitten aus der sandigen Ebene erhob sich ein Felsen, dessen Abdachung zu den Ufern eines Flusses führte. Auf diesem Felsen ließ er durch seine Soldaten einen Wartturm und ringsherum Schanzen bauen. Er nannte ihn »Neronis speculum«. So war er vor den Überfällen der germanischen Stämme geschützt und konnte die Ankunft der übrigen am Rhein und Main stationierten Truppen erwarten.

Als ihn aber die Wechselfälle des Kriegs veranlassten, sich mit dem größten Teil seiner Armee nach den Donaugegenden zu begeben, ließ er eine starke Besatzung in der befestigten Stellung zurück. Die Anwesenheit der römischen Soldaten lockte viel Volk aus dem Nordgau herbei, das seinen Erwerb bei den Fremden suchte. Hütten wurden um das römische Lager gebaut und schon im Jahre 45 war der Flecken, der von dem römischen Wartturm den Namen »Neronesberg« annahm, so menschenreich, dass die römische Besatzung keinen besonderen Einfluss mehr auf sie ausüben konnte und wie eine Art verlorener Posten erschien. Die Neronesberger führten ein sehr ungeregeltes, freies Leben, unterwarfen sich keinen Gesetzen und machten die Wegelagerei zu ihrem Hauptgeschäft. Sie unterwarfen sich nicht mehr dem römischen Recht, was erklärlich ist, da es ihnen aufgezwungen worden war, hielten sich aber auch nicht mehr an ihre eigenen alten Gesetze. Dadurch wurden sie kühn und verwegen und waren im weiten Umkreis gefürchtet. Bei einem Zug der Franken und Thüringer gegen die eindringenden Goten leisteten die Neronesberger so kräftige Hilfe, dass die Goten mit großem Menschenverlust geschlagen und zurückgetrieben wurden.

Das unablässige Andrängen der deutschen Volksstämme gegen die von den Römern angelegten Kolonien veranlasste diese zu bedeutenden Verstärkungen ihrer Positionen – und so kam es denn, dass auch der »Neronesberg« zu einer stattlichen Festung ausgebaut wurde, wozu die Bewohner des Fleckens tätige Hilfe leisteten, oder vielmehr leisten mussten, denn die Römer traten als die Herren des Landes auf, setzten

Vögte ein und forderten Steuern und Abgaben. Da hatte es nun bald mit der zügellosen Freiheit ein Ende, denn die Bewohner waren nun die treuen Vasallen der Römer. Als solche mussten sie im Jahre 257 gegen die Sachsen und Thüringer mit zu Felde ziehen. Letztere gingen jedoch als Sieger aus dem Kampf hervor. Sie verwüsteten Neronesberg und vertrieben die Römer. Erst 15 Jahre später, unter Kaiser Aurelian im Jahre 272, kamen die Römer wieder zur Herrschaft in diesem Gebiet. Neronesberg erstand aufs Neue und erhielt bald schon eine zahlreiche Bevölkerung. Allein eine große Seuche und ein strenger Winter forderten im Jahr 293 viele Opfer.

Um das Jahr 308 eroberte der fränkische König Chlodemir den Flecken und die Burg Neronesberg. Er führte den heidnischen Gottesdienst ein und machte sich die Einwohner untertan. Die Macht der Franken breitete sich immer weiter aus und die Neronesberger wurden dem fränkischen Herzog unterworfen, der über die Maingegenden herrschte. Doch 386 wurden die Römer abermals Herr über die Franken und Neronesberg kam aufs Neue in ihren Besitz. Im Jahre 450 erschienen die Hunnen und Vandalen, gegen deren Überfälle sich die Neronesberger durch Gräben und Mauern zu schützen suchten und ihrem Heimatort damit zu dem Range einer Stadt verhalfen, in der, um ihrer starken Befestigung willen, viele Bewohner des flachen Landes Schutz suchten, sodass sie zur Zeit des Schwabenkönigs Alearus bereits als die Hauptstadt im Nordgau galt.

Die Chroniken verzeichnen viele wunderbare Erscheinungen am Himmel und auf Erden: feurige Sterne mit großen Schweifen, die viele Tage lang am Himmel standen, Schwerter und Spieße, die sich am Horizont zeigten, Erdbeben, große Wasser, Misswuchs und Pestilenz.

Um die traurigen Vorhersagen, die sich daran knüpften, wahr zu machen, kam der gefürchtete Hunnenkönig Attila auch nach Neronesberg. Er plünderte und zerstörte es, und so blieb es in seiner Verwüstung liegen, bis die Schlacht auf den katalaunischen Feldern Deutschland von dem wilden Eroberer befreite. Umso kräftiger blühte die vielgeprüfte Stadt nun wieder auf. Der ganze Nordgau, viel Volk aus Franken, darunter manch edles Geschlecht, kam und sogar Regensburg und die Donauländer lieferten ihre Kontingente zur Bevölkerung der Stadt, die von jener Zeit an, also etwa ab 458 nach Christi Geburt, Norikerberg genannt wurde.

Im Jahr 493 erschien der Bayernkönig Adelger, der den noch immer herrschenden römischen Landvogt vertrieb und an seiner statt einen bayerischen Vogt einsetzte. Er trug außerdem eine Menge zur stärkeren Befestigung der Stadt bei. Danach soll viel bayerischer Adel in die Stadt gekommen sein, unter dem bereits die Haller genannt wurden.

Im Jahr 500 wird zum ersten Mal des Flusses Pegnitz gedacht. Von einer großen Pest, die 591 herrschte, wird die Anekdote erzählt, dass sie die Veranlassung zu dem Spruch »Gott helf« oder »zur Gesundheit« gegeben habe, da die davon Befallenen meist unter heftigem Niesen den Geist aufgeben mussten.

Die Einführung des Christentums im Nordgau und in Norikerberg fällt in die Zeit Theodos III. von Bayern, der selbst das Christentum annahm. Seinem Beispiel folgten viele aus dem Adel. Unter der Bürgerschaft aber blieb der Götzendienst noch lange im Schwang, bis der große Heidenbekehrer Bonifacius 723 nach Norikerberg kam und am Fuße des Burgfelsens eine Kapelle baute, die er dem heiligen Petrus weihte.

Vom Jahre 736 erzählen uns die Chroniken bereits mit großer Ausführlichkeit, dass eine Feuersbrunst bei einem gewissen »Georg Lichtensteiner«, der »auf dem Weinmarkt« wohnte, ausbrach, dass ein sechsjähriges Kind, dessen Kleider sich entzündeten, die Ursache war, und dass 18 Häuser ein Raub der Flammen wurden und drei Männer, zwei Frauen und fünf Kinder dabei ums Leben kamen.

Nach Priem: Nürnberger Sagen und
Lotter: Sagen, Legenden und Geschichten …

Was aus dieser Vor-Geschichte der Stadt Nürnberg, von dem »alte Chroniken« erzählen sollen, wahr ist, kann nur schwer festgestellt werden. Dass es eine frühzeitige Besiedlung gegeben hat, ist unbestritten. Bedeutende Funde zum Beispiel aus dem Gebiet des heutigen Mögelsdorf belegen bereits eine Besiedlung in der Bronzezeit. Kelten im 4. Jahrhundert v. Chr. und germanische Markomannen im letzten Jahrhundert v. Chr. sind in diesem Raum anzunehmen. Der Limes war etwa 50 Kilometer entfernt, sodass auch von einem römischen Einfluss auszugehen ist. Kometen (feurige Sterne mit Schweif) sind nach Aufzeichnungen in den Jahren 400, 418 und 444 zu sehen gewesen. Die Hunnen waren jedoch bereits Mitte des 4. Jahrhunderts in den mitteleuropäischen Raum eingebrochen. Dass man später Zusammenhänge zwischen den »Zeichen« und den Eindringlingen sah, kann nachvollzogen werden. Die Schlacht auf den katalaunischen Feldern fand im Jahr 451 n. Chr. statt. Kometen wurden aber im 6. Jahrhundert gleich mehrere gesichtet. Slawische Siedlungen sind bei Ausgrabungen nahe dem Hauptmarkt etwa für das 9. Jahrhundert nachgewiesen. Fürth wird bereits urkundlich für das Jahr 1007 nachgewiesen, Mögeldorf als »Megelendorf« im Jahr 1025. Nürnberg taucht in einer Urkunde Kaiser Heinrichs III. erstmals im Jahr 1050 als »Norenberc« auf.

Kaiser Otto I. versöhnt sich mit seinem Stiefsohn Herzog Ernst

Kaiser Otto I. hatte nach einer Sage von seiner zweiten Gemahlin Adelheid einen Stiefsohn Ernst, der nach alten Volksbüchern Herzog in Bayern und Österreich gewesen, bei dem Kaiser ohne Schuld durch Verleumdung in Ungnade gefallen und von ihm aufs härteste verfolgt worden war. Der Hass des Stiefvaters bedrohte sogar sein Leben, sodass er sich entschloss, um des Kaisers Zorn auszuweichen, mit seinem ritterlichen Freund, dem Grafen Wetzel, eine weite Reise in den Orient zu unternehmen. Auf dieser Reise erlebten die beiden Freunde allerlei wunderbare Abenteuer, die sie jedoch glücklich überstanden. Nach seiner Rückkehr bemühte er sich um eine Aussöhnung mit seinem Stiefvater. Diese Aussöhnung soll im Jahr 970 in Nürnberg, wo der Kaiser die Weihnachtsfeiertage zubrachte, in der St. Sebalder Kirche stattgefunden haben. Dies ging folgendermaßen zu: Von der großen Reise zurückgekehrt, ritt Herzog Ernst mit seinem Gefolge unerkannt in die Stadt Nürnberg ein. Dort hielten sie sich still und ohne Aufsehen bis auf weiteres auf. Bald darauf kam der Kaiser wie angekündigt mit seiner Gemahlin in die Stadt. Morgens, an einem Christtag, an dem jedermann in die Kirche ging, fuhr auch die Kaiserin mit etlichen Jungfrauen dorthin. Herzog Ernst, der dieses wusste, begab sich mit seinem Freunde Wetzel ebenfalls zur Kirche. Dort ging er durch das Volk zu der Kaiserin, seiner Mutter, und grüßte sie freundlich. Er sprach: »Gebet mir doch ein Almosen um Christi willen von wegen Eures Sohnes Ernst!« Da erwiderte die Kaiserin: »Ach, lieber Freund! Meinen Sohn habe ich lange Zeit nicht gesehen. Wollte Gott, dass er noch am Leben wäre, ich würde Euch ein gutes Botenbrot geben!« Hastig sagte Herzog Ernst: »Gnädige Frau, gebt mir das Botenbrot, dann will ich mich wieder von hinnen machen, denn ich bin einmal in Ungnade bei meinem Vater und kann nicht wieder zu Gnaden kommen!« »So seid Ihr selbst mein Sohn Ernst!«, rief die Kaiserin überrascht. Da entgegnete dieser: »Mutter, ich bin Euer Sohn; darum helft mir, dass ich wieder zu Gnaden kommen möge!« Die Kaiserin seufzte: »O du mein geliebter Sohn, da wir nicht Zeit haben, jetzt miteinander zu reden, so will ich Dir einen Weg anzeigen, wie Du bei Deinem Vater Gnade erwerben kannst. Ich rate Dir, dass Du morgen kommest, wann der Bischof von Bamberg das Evangelium gesungen hat, und mit deinem Freunde dem Kaiser zu Fuß fällst und ihn bittest, Dir um Christi Willen zu verzeihen. Ich will heute den Bischof und andere Herren bitten, dass sie sich bei Deinem Vater für Dich verwenden. So hoffe ich, dass sich des Kaisers Herz erweichen lässt.« Herzog Ernst nahm mit großem Trost im Herzen Abschied von seiner Mutter, ging wieder zu seinem Genossen Wetzel und erzählte ihm alles. Der war von Herzen froh darüber. Sie gingen zusammen in die Herberge und harrten auf den folgenden Tag.

Als die Kaiserin aus der Kirche heimgekommen war, schickte sie sogleich nach dem Bischof von Bamberg und bat ihn mit weinenden Augen, ihr doch eine Bitte zu gewähren. »Wisset, lieber Herr«, sprach sie, »dass mein Sohn Ernst bei mir in der Kirche gewesen ist. Er hat sich bei mir über des Kaisers Ungnade beklagt. Ihr wisst ja selbst, dass er unschuldig ist. Darum bitte ich Euch, wenn Ihr morgen das Evangelium gesungen habt, so haltet hernach ein klein wenig still. Dann wird mein Sohn kommen und einen Fußfall vor dem Kaiser tun und ihn um Gnade bitten. Bitte zeigt solches auch etlichen Fürsten und Herren an, denen ihr vertraut, damit auch sie ihm Gnade erlangen helfen.« Diese flehende Bitte der Kaiserin erbarmte den Bischof sehr. Er versprach ihr, alles ihm Mögliche zu tun. Dann ging er zu vielen Fürsten und Herren und meldete ihnen der Kaiserin Begehren. Alle verhießen ihm willig, das Ihrige zu tun, um Vater und Sohn auszusöhnen.

Herzog Ernst bittet den Kaiser um Gnade [Quelle: Lotter]

Am anderen Tag machten sich Herzog Ernst und Graf Wetzel auf, zogen miteinander in die Kirche und ließen ihre Diener mit Abstand folgen. Ernst blieb in der Kirche bei der Tür stehen. Wetzel trat hinter den Altar und wartete auf ein Zeichen; denn wenn der Kaiser seinen Sohn nicht begnadigen und ihn gefangen nehmen lassen sollte, so hätte er ihn erstochen.

Da saß der Kaiser auf seinem Stuhl und die Kaiserin neben ihm. Der Bischof fing an, mit lauter Stimme das Evangelium zu singen. Als er damit fertig war, machte er wie verabredet eine Pause vor der Predigt. Nun ging Herzog Ernst mit großem Mut vor den Kaiser, seinen Mantel noch um sein Gesicht geschlagen, fiel vor ihm nieder, neigte sein

Haupt dreimal gegen ihn und sprach: »Allergnädigster Herr und Kaiser, ich bitte Eure Majestät, dass Ihr einem Sünder verzeihen wollet, der vor langer Zeit sich wider Euch vergangen hat. Aber Gott weiß doch wohl, dass er in der Hauptsache unschuldig ist!« Der Kaiser hörte die Bitte an und sprach zu ihm: »Je nachdem die Übeltat ist, wegen der Du Dich entschuldigst, so kann ich Dir verzeihen!«

Da stand die Kaiserin von ihrem Stuhl auf und sprach: »Gnädiger Herr, vergebet diesem Menschen, weil er Euch an einem hohen Fest so inständig bittet!« Desgleichen kam der Bischof mit vielen Fürsten und Herren. Alle baten für ihn und der Bischof sprach: »Liebster Herr und Kaiser! Ihr sollt diesem armen Menschen vergeben, denn Ihr wisset wohl, es ist vor Gott kein Sünder zu groß. Wenn er rechte Reue über seine Sünden zeigt, so werden sie ihm verziehen!« Da sprach der Kaiser: »Sie sollen ihm verziehen sein; doch will ich wissen, wer er ist!« Nun schlug Herzog Ernst den Mantel zurück und zeigte sein Gesicht. Der Kaiser erkannte ihn und erbleichte vor Zorn. Ernst sah das, erschrak sehr und winkte seinem Gesellen Wetzel am Altar, dass er Achtung haben sollte. Aber der Kaiser, der sah, dass alle Herren so eifrige Bitte für seinen Sohn einlegten, sprach: »Lieber Sohn, wo ist denn Dein Freund, Graf Wetzel, hingekommen?« Da sprach Herzog Ernst: »Dort bei dem Altar steht er!« Er rief ihn und Wetzel kam mit großer Freude heran. Der Kaiser gab ihnen den Kuss des Friedens. Darüber war die Kaiserin sehr froh. So blieben sie in der Kirche, bis das Evangelium vom Bischof ausgelegt war. Dann gingen sie mit großen Freuden heim und alle verwunderten sich darüber.

Beim Mittagsmahl, das zu einem rechten Versöhnungsmahle wurde, ergriff Herzog Ernst das Wort und sprach: »Lieber Vater, ich bitte in aller Untertänigkeit, dass Ihr mir doch sagen wollet, warum Ihr mich also aus meinem Lande vertrieben habt. Ich habe Euch doch in keiner Sache geschadet.« Da sprach der Kaiser: »Lieber Sohn, ich will Dir nicht verhehlen, warum ich dieses getan habe. Der Pfalzgraf Heinrich kam einmal zu mir in meinem Saal und sprach: Wisset, gnädiger Herr, es ist meine Schuldigkeit, Euch vor Schaden zu bewahren. Euer Sohn Ernst hat sich bei mehreren Herren vernehmen lassen, wenn er allein zu seinem Vater käme, wolle er ihn erstechen, damit er das Reich allein bekäme. Der Pfalzgraf beteuerte, er selbst habe dies aus deinem Munde gehört. Er überredete mich dermaßen, dass kein Mensch den Zorn, den ich über dich hatte,

mir hätte ausreden können; darum schickte ich Kriegsleute aus und wollte dich vertreiben lassen. Die schlugst du alle tot. Als ich später auf dem Reichstag zu Speyer war, kamst Du in meine Kammer und stachst den Pfalzgrafen an meiner Seite tot. Wenn ich nicht in meine Kapelle entflohen wäre, ich glaube, du hättest mich auch erstochen! Da schwoll mein Zorn gegen dich weiter an und ich vertrieb dich ganz aus dem Lande.«
Darauf sprach Herzog Ernst: »So wahr Gott lebt, gnädiger Herr Vater, ich habe nie mit einem Wort gegen Euch geredet. Als ich erfuhr, dass Euch der Pfalzgraf so schändlich belogen hatte, da hab' ich ihn getötet.«

Der Kaiser verwunderte sich nicht wenig über des Pfalzgrafen Verräterei. Dann schickte Herzog Ernst, als die Mahlzeit vorüber war, einen seiner Diener in die Herberge und sprach zu ihm: »Bringe das wunderliche Volk hierher, das ich mitgebracht habe!« Das tat der Diener. Als er sie aber über die Straße brachte, lief alles Volk ihnen nach, und der Ritter hatte genug zu wehren, um es abzuhalten. Als sie in dem Saal waren, schob man den Riegel vor, sonst wäre das Volk nachgedrungen, so neugierig war es.
Dann sagte Herzog Ernst: »Lieber Vater, diese Leute hier habe ich dem König der Arimasper ganz untertan gemacht. Der Mensch mit dem einen Auge auf der Stirne ist in jenem Königreich zu Hause. Nun möget Ihr wohl schließen, wie mancherlei Gefahr ich ausgestanden habe. Einer von den Leuten, der nur einen einzigen gar breiten Fuß hatte, ist mir in Paris gestorben. Einen Agrippiner konnte ich nicht mitbringen, denn deren König habe ich erstochen. Diese Leute haben Kopf und Hals wie Kraniche und besitzen ein großes Königreich. Von diesem schifften wir weiter und kamen an den Magnetberg. Da ging unser Schiff zu Bruch, und nur sieben von uns retteten sich auf ein anderes Schiff. Dort nähten wir uns in Ochsenhäute. Der Greif trug uns ans Land in sein Nest. Gott half uns in einem Wald zueinander, da befuhren wir auf einem Floß im tiefen Grund ein Wasser, kamen an einem großen Berg und an leuchtendem Gestein vorüber. Von diesem habe ich dies Stück abgeschlagen.« Damit zog Herzog Ernst einen Karfunkelstein heraus und reichte ihn seinem Vater. Dann zählte er noch viele weiteren Abenteuer.

Der Kaiser konnte des Staunens gar nicht müde werden. Endlich sprach er zu Herzog Ernst: »Mein lieber Sohn, weil du so vielfältig versucht worden bist, so verheiße ich

Dir hier vor allen diesen Herren, dass du all dein Land wiederbekommen sollst. Dazu will ich dir noch weitere Städte schenken!« Das tat der Kaiser auch. Alle schieden fröhlich voneinander. Die Kaiserin lobte Gott in ihrem Herzen. Herzog Ernst ritt mit seinem treuen Freunde in sein Land und das Volk, das ihn mit Freuden empfing, huldigte ihm. So saß und regierte er dort in guter Ruhe. Der Kaiser aber zog gen Speyer auf den Reichstag, blieb lange Zeit dort, hielt einen prächtigen Hof und war froh, dass sein Sohn zurückgekommen war. Die Kaiserin aber, Herzog Ernsts Mutter, bestellte Bauleute zu Salza und ließ Gott zum Danke ein herrliches Münster bauen, in dem sie auch nach ihrem Tode begraben worden ist.

Nach Lotter: Sagen, Legenden und Geschichten ... und
Gustav Schwab: Die deutschen Volksbücher

Diese Sage enthält – vor historischem Hintergrund – eine ganze Reihe von Kuriositäten. Ob Nürnberg als Stadt zu Lebzeiten Kaiser Ottos des Großen (912–973) schon existiert hat, sei dahingestellt. Dokumentiert ist dies nicht, aber es könnte möglich gewesen sein. St. Sebald – die Sebalduskirche – ist zwar die älteste Pfarrkirche Nürnbergs, aber selbst ein Vorgängerbau, vermutlich dem heiligen Petrus geweiht, wird erst für das 12. Jahrhundert angenommen. Otto I. heiratete seine zweite Frau Adelheid von Burgund (931–999) im Jahr 951. Da war sie gerade zwanzig Jahre alt und bereits Witwe. Von ihrem ersten Mann, Lothar von Italien, den sie mit 16 Jahren heiratete, hatte sie nachweislich kein Kind und wenn, dann wäre es nicht in der Lage gewesen, vom Kaiser verjagt auf Abenteuerreisen zu ziehen. Bei dem Münster, das Adelheid in Salza gestiftet haben soll, handelt es sich eher um das von ihr gegründete Kloster Selz im Elsass. Tatsächlich war es Liudolf, Ottos Sohn aus erster Ehe, der nach der erneuten Heirat seines Vaters einen Aufstand anzettelte. Mehrfach versuchte er später, Gnade bei seinem Vater zu erlangen, die er erst durch Vermittlung einiger Fürsten bekam, nachdem er sich barfuß vor dem Vater zu Boden geworfen hatte. Der letzte Teil der Sage, in welcher der zurückgekehrte Sohn von seinen abenteuerlichen Reisen berichtet, hat eher etwas Märchenhaftes. Es klingt ein wenig nach Odyssee und Tausendundeiner Nacht.

Kaiser Rudolph und der Freihart zu Nürnberg

Der Kaiser zog zum Münstertor
Und viel des Volks ihm nach;
Da trat ein Freihartsbub' hervor
Und zupft den Herrn und sprach:

»Herr Bruder, nicht so stark fürbaß!
Es ist noch einer hier!«
Der Kaiser schaut ihn an; der Spaß
Bedünkt ihm Frevel schier.

»Was ficht dich an? – Mein Bruder du?
Ich kenne traun dich nicht!«
Der Freihart aber lacht dazu
Und blinzt ihn an und spricht:

»Ich denke so: der Kaiser stammt,
Wie ich, von Adam her,
Und sind wir Brüder allesamt,
Sind wir's auch, ich und Er.«

»Drum wollt Ihr – was die Zeit verbrach –
Ausgleichen bar und blank,
So teilt mit mir, und tilgt die Schmach,
Und nehmt dann meinen Dank.«

Der Kaiser lacht und spricht: »Gesell,
Jetzt muss ich beten geh'n;
Schaff einen Sack derweil zur Stell',
Dann lass uns weiter seh'n!«

Der Bub' eilt flink und flugs nach Haus
Und kehrt in vollem Lauf,
Da tritt der Herr zur Kirch' heraus
Und ruft: »Nun, Bursch', tu auf!«

Der zieht den Sack die Läng' und Quer,
Ihm dünkt er noch zu klein;
Der Kaiser wirft – es klang nicht schwer –
Wirft einen Heller drein.

Und spricht: »Nun weiter Bursch! Durch's Reich;
Der Brüder sind noch mehr!
Gibt jeder dir dem ersten gleich,
Bist du so reich, wie der.«

Karl Förster

Aus Schöppner: Sagenbuch der Bayerischen Lande ...

Rudolf I. (1218–1291) war der erste römisch-deutsche König aus dem Geschlecht der Habsburger. Rudolf bemühte sich um die Rückgewinnung des verlorengegangenen Reichsgutes, was ihm im Rheinland und in Süddeutschland auch gelang. Er erkannte die Bedeutung der Städte für die Königsherrschaft. Am 9. August 1281 hielt er in Nürnberg einen Hoftag ab. Ob die im Gedicht erzählte Episode sich dort abgespielt haben könnte, muss offenbleiben. Auch in anderen Varianten der Sage wird nicht deutlich darauf hingewiesen. Der Begriff »Freihart« ist heute nicht mehr geläufig. Bezeichnet wird ab dem Mittelalter damit ein im Land herumziehender Bengel; Freihartsbube scheint auch eine Ableitung von ›fahrender Schüler‹ zu sein. In Varianten der Sage wird daraus ein Bettler. Karl A. Förster (1784–1841) war ein deutscher Übersetzer und Dichter, dessen Gedichte von Ludwig Tieck herausgegeben wurden. Carl Maria von Weber, Hans Pfitzner und Arnold Schönberg haben einige dieser Gedichte vertont.

Karl Förster, gemalt von Carl Christian Vogel von Vogelstein. [Public Domain, via Wikimedia Commons]

Rudolf von Habsburg, nach dem Gemälde Kreglings in der Burg zu Nürnberg. [Quelle: Lotter]

Das Unglück bei der Hochzeit Kaiser Rudolfs von Habsburg 1284

Freud und Leid wohnen oft nahe beisammen. Das musste auch Kaiser Rudolf I. von Habsburg erfahren. Alt schon an Jahren, aber noch jugendlich und frisch im Herzen, entbrannte er, nachdem er längere Zeit Witwer gewesen war, in Liebe zu der jugendlichen Herzogin Agnes von Burgund. Die Hochzeit sollte in Nürnberg, wo sich der Kaiser damals zu einem Reichstag aufhielt, mit großem Prunk gefeiert werden. Ein großes Volk aus nahen und fernen Landen war zusammengekommen, und viele Fürsten des Reiches mit ihrem Hofstaat hielten sich in der Stadt auf.

Da wechselten allerlei Lustbarkeiten miteinander ab: prächtige Turniere und Ritterspiele, üppige Mahlzeiten, Trinkgelage und Tänze. Am Sonntag Simonis und Judae hatte der Kaiser die anwesenden Reichsfürsten, Grafen, Edelleute, Edelknechte und auch viele von den hiesigen Geschlechtern eingeladen, in einem großen Saal bei allerlei ritterlichem Spiel und Kurzweil sich zu beteiligen.

Es geschah genau zu dem Zeitpunkt, als die Lust am höchsten war, dass der ganze Saal einstürzte und einen großen Teil derer, die darinnen waren, unter sich begrub. Kaum gedacht, ward der Lust ein Ende gemacht! Da gab es ein Jammern und Wehklagen, ein Stöhnen und Ächzen, das in die Seele schnitt. Der Vater suchte den Sohn oder die Tochter, die Mutter den Gatten, die Kinder ihre Eltern – die Verwirrung war grenzenlos.

Als schließlich alles aufgeräumt war, zählte man mehr als 70 Personen fürstlichen und hochadeligen Standes, die tot, und sehr viele, die verwundet waren. Auf die Zahl der dabei verunglückten Diener und geringeren Leute wurde nicht geachtet. Der Kaiser selbst war wie durch ein Wunder am Leben geblieben. Er saß im Gemäuer in einer Fensternische, die nicht einstürzte. Durch die herabgefallenen Balken wurde er indes völlig verbarrikadiert, und es dauerte lange, bis man ihn aus diesem Gefängnis befreien konnte.

Das Unglück war ein noch größeres dadurch geworden, dass an jenem Tag eine so grausame Kälte herrschte, dass viele der Verwundeten und Verschütteten, die nicht sogleich hervorgezogen werden konnten, erfrieren mussten. Auch wer ohne größeres oder bleibendes Unheil davonkam, hatte auf lange Zeit das Lachen verlernt.
Die Toten wurden zum Teil in der Ägidien- und teils in der Barfüßerkirche begraben, wo lange Zeit deren Schilde aufgehängt blieben. Ein anderer Teil der Toten ist aber von Nürnberg weg und hin zu ihren Stammbegräbnisstätten geführt worden.

Nach Lotter: Sagen, Legenden und Geschichten …

Nachweisbar ist dieser Vorfall nicht. Tatsächlich wird eine ähnliche Geschichte von der Hochzeit eines Königs Heinrichs im Jahr 1225, die in Nürnberg stattgefunden haben soll, erzählt. Allerdings waren da aber die staufischen Könige und Kaiser mit dem Namen Heinrich bereits abgetreten – der letzte, Heinrich VI., starb 1197. Zur erwähnten Zeit war Friedrich II. römisch-deutscher König und seit 1220 Kaiser. Eine weitere Geschichte, die ins Jahr 1247 datiert wird, erzählt der Chronist Lazarus Holzschuher im Jahr 1500. Mag sein, dass ein solches Ereignis eingetreten war und die Menschen bewegt hat, noch nach Jahrhunderten davon zu erzählen – nachweisen lässt es sich heute aber nicht mehr.

Ein sagenhafter Gang durch die Stadt

Viele Sagen und Legenden lassen sich mit konkreten Plätzen, Objekten oder Bauten in Nürnberg in Beziehung bringen. Was liegt näher, als diese bei einem Spaziergang kennenzulernen. Da die Altstadt von Nürnberg durch die Pegnitz in zwei Hälften – eine nördliche und eine südliche – geteilt wird, habe ich die Sagen und Legenden dieses Kapitels auf zwei Spaziergänge verteilt. Man kann sie an einem Tag absolvieren, aber wenn man sich Zeit lässt und sie an zwei Tagen unternimmt, hat man mehr davon.

Sagentour diesseits der Pegnitz

Mit »diesseits« ist der südliche Teil gemeint. Man kann die Tour gut beim Hauptbahnhof beginnen, vor allem wenn man mit dem Zug anreist. Doch selbstverständlich ist jeder einzelne Ort geeignet, Ausgangspunkt für diesen Rundgang zu sein.

Überquert man vom Hauptbahnhof kommend den Bahnhofsplatz, gelangt man – über eine Brücke, die den Frauentorgraben überspannt – zum Frauentor. Bereits in der Nähe desselben soll sich Gruseliges abgespielt haben.

Der Geist in der Kanne

Beim Gastwirt nächst dem Frauentor zu Nürnberg soll eine zinnerne Kanne im Hausplatz eingemauert sein. Die Kanne hält bis zur Stunde einen Geist in Gewahrsam, welcher in diesem Hause vormals abscheulichen Unfug getrieben haben soll. Wer in dieses Gasthaus einkehrte, konnte mit dem Trinken und Zechen nicht mehr aufhören. Der Geist machte sie alle toll, sodass schließlich die Obrigkeit einschritt und einen Geisterbeschwörer bestellte. Dieser Mann war ein Kaminkehrer, dem man nachsagte, dass er jeden Teufel bezwingen konnte. Er schaffte es, den Geist in eine Zinnkanne zu bringen, die er anschließend verschloss. Dort müsse der Geist bleiben auf ewige Zeiten, es sei denn, jemand würde vorwitzig den Deckel öffnen. Damit dies nicht passieren könne, mauerte man die Kanne in einen Pfeiler im Hausflur der Gastwirtschaft ein, sicherheitshalber beim Licht einer geweihten Kerze. Die Leute sagen, dass man ihn deutlich rumoren höre, wenn man des Nachts das Ohr an den Pfeiler halte, in welchem die Kanne sich eingemauert befindet.

Nach Schöppner: Sagenbuch der Bayerischen Lande, und Lotter: Legenden und Geschichten …

Es soll das Gasthaus »Zum goldenen Bären« gewesen sein, aber das ist heute nicht mehr aufzufinden. Sicherheitshalber können sie ja, falls sie in eine Gastwirtschaft nahe des Frauentors einkehren, ihr Ohr an die vorhandenen Pfeiler legen, um zu erfahren, ob der Geist dort rumort. J.M. Lotter hat zu dieser Sage ein Gedicht gemacht, das folgendermaßen endet:

Und legst du deine Ohren
Dicht an den Pfeiler hin,
Hörst Du den Geist rumoren,
Er ist noch immer drin.

Wenden Sie sich nach rechts und biegen Sie am Frauentorturm links in die Königsstraße ein. Sie müssen nur wenige Schritte gehen; hinter der links abzweigenden Luitpoldstraße sehen sie linker Hand die römisch-katholische Kirche St. Klara.

Caritas Pirckheimer rettet das Kloster

Die Reformation hatte bald nach ihrem Auftreten bereits Nürnberg erreicht. Den Klöstern drohte nun die Auflösung. Doch Caritas Pirckheimer, die Äbtissin des Klarissenklosters, kämpfte willensstark für den Erhalt. Gerade auf die Nonnen war man in der Stadt nicht gut zu sprechen. Man warf ihnen vor, sich durch das Ordensgelübde und gute Taten persönliches Heil und Gnade erwirken zu wollen. Dem trat Caritas, die eine gute humanistische Bildung besaß, versiert entgegen. Philipp Melanchthon besuchte die damals schon über Nürnberg hinaus bekannte Äbtissin, um sie für die Reform zu gewinnen, doch lehnte sie dies ab. Melanchthon unterstützte sie trotzdem und half, den Fortbestand des Klosters zu ihren Lebzeiten zu sichern.

Barbara Pirckheimer wurde am 21. März 1467 als ältestes Kind in einer Nürnberger Patrizierfamilie geboren. Von dreizehn Kindern erreichten acht Töchter und ein Sohn das Erwachsenenalter. Barbara kam in die Klosterschule der Klarissen und trat mit 16 Jahren in das Noviziat ein. Dabei erhielt sie den Ordensnamen Caritas. Mit ihrem Bruder Willibald, der ein Freund Albrecht Dürers war, stand sie zeitlebens in Kontakt. Durch ihn erhielt die

Porträt einer Frau, die Caritas Pirckheimer sein soll. [Quelle: Albrecht Dürer, CC0, via Wikimedia Commons]

Klosterbibliothek humanistische Bücher. Ab 1490 unterrichtete Caritas Pirckheimer die Klosterschülerinnen, war außerdem für die Klosterbibliothek verantwortlich und wurde schließlich im Jahr 1503 zur Äbtissin gewählt. Der Besuch Philipp Melanchthons, dem wichtigsten Reformator neben Luther, wurde von ihrem Bruder Willibald arrangiert. Caritas Pirckheimer starb am 19. August 1532 und wurde auf dem Nonnenfriedhof hinter der Kirche beigesetzt. Ihre Nachfolgerinnen konnten sich auch weiterhin noch einige Zeit dem Magistrat der Stadt entgegenstellen, doch als 1596 die letzte Klarissin Nürnbergs starb, wurde das Kloster aufgelöst. 1959 wurde das Grab Caritas Pirckheimers wiederentdeckt und ihre sterblichen Überreste in den Chor der ehemaligen Klosterkirche umgebettet. An der Stelle des ehemaligen Grabes hinter der Kirche weist eine Tafel auf die Grabstelle hin.
Ab 1574 bereits wurde die Klosterkirche als protestantische Predigtkirche genutzt. Nach der Profanierung im Jahr 1806 diente sie als Lager für Waren. Auch Verkaufsmessen fanden dort statt. Der bayerische König Maximilian II. ordnete im Jahr 1854 an, das Gebäude wieder als katholisches Gotteshaus zu nutzen. Seit 1996 ist die Kirche St. Klara eine »Offene Kirche«, das heißt, sie hat keine feste Kirchengemeinde.

Hinter der Kirche St. Klara biegen Sie in die Klaragasse ein, folgen dieser auch in der rechten Biegung bis zum Kornmarkt, gehen dort links ein paar Schritte bis zur Kartäusergasse. Von dort aus ist der Zugang zum Germanischen Nationalmuseum zu erreichen. Ob Sie es besichtigen – was immer zu empfehlen ist, wenn Sie etwas Zeit haben – oder sich nur an die folgende Sage erinnern, das bleibt Ihnen überlassen.

Gustav Adolf im Germanischen Museum

Gustav Adolph II. von Schweden. [Quelle: Internet Archive Book Images, via Wikimedia Commons]

Als Gustav Adolf im Laufe des Dreißigjährigen Krieges nach Nürnberg kam, nahm er die Sehenswürdigkeiten der berühmten Stadt in Augenschein und besuchte dabei auch das Germanische Museum. Er trug seine gewöhnliche Kleidung, wie er sie stets im Felde trug, und von welcher sein Lederkoller ganz besonders dadurch auffiel, dass es verschiedene Spuren von Verletzungen zeigte, die darauf schließen ließen, dass es schon mehrmals von Kugeln durchlöchert worden war. Das war jedenfalls ein sicherer Beweis dafür, dass er als ein rechter Held seine Person gar wenig schonte und den Seinigen stets mit Mut und Tapferkeit voranging. Dieser Zug ist ihm schließlich in der Schlacht bei Lützen verhängnisvoll geworden. Beim Besehen der Waffen, Rüstungen, Harnische und der kriegsgemäßen Ausrüstung und Feldkleidungen der Ritter und Landsknechte, von denen manches Stück seine Bewunderung erregte, erlaubte sich der Direktor des Museums die Anspielung: »Wir haben hier so manche Rüstung, in der tüchtige und mutige Ritter und Helden gekämpft haben; doch hat in keiner ein so großer Feldherr und Held gesteckt, wie in Eurer Majestät zerschossenem Lederkoller.«

Der König lächelte, sagte jedoch nichts. Am Abend desselben Tages sandte er aber dem darüber hocherfreuten Direktor sein durchlöchertes Wams für das Museum als Andenken. Noch heute zeigt man dort dem Besucher diese Reliquie des ruhmreichen Königs und Helden.

Moment, werden Sie sicher sagen oder denken. Der schwedische König Gustav Adolf II. (1594–1632) konnte doch das Germanische Nationalmuseum gar nicht besichtigen, da es erst im 19. Jahrhundert errichtet wurde. Möglicherweise vermuten Sie, dass der Autor dieses Buches sich dort im Museum hat einschließen lassen und nachts Begegnungen mit Figuren seiner Phantasie hatte. Es ist aber doch ein wenig anders. Lesen Sie, was ein früherer Kommentator der Sage herausgefunden hat.

Die Sache bekommt sofort ein anderes Gesicht, wenn man an Stelle des Germanischen Museums das legendäre Nürnberger Zeughaus setzt.

Es war sehr folgerichtig, dass die Reichsstadt Nürnberg, bald von kleinen Plackern, bald von benachbarten Fürsten angegriffen, stets darauf bedacht war, für den Fall der Not Rüstungen und Kriegsmaterial sofort bei der Hand zu haben. Zur Aufbewahrung derselben diente das Zeughaus. Ein solches hat bereits seit der Mitte des 15. Jahrhunderts bestanden. Es erstreckte sich später von der Pfannenschmiedsgasse bis zur Färbersbrücke und war durch zwei Höfe getrennt. Gleich am Eingang, der mit einer Schildwache versehen war, befand sich die Wohnung des Zeugmeisters.

Im ersten Hof waren die Arbeitsstuben der Zeugwarte, die den im Zeughause befindlichen Vorrat an Geschützen, Gewehren und andere Ausrüstungen in gutem Zustand halten mussten. Das vordere Gebäude, etwa 115 Meter lang und 17 Meter breit, hatte unten zwei Gewölbe oder Säle und oben wieder zwei große Räume.

Das hintere Gebäude, 156 Meter lang und 17 Meter breit, hatte unten drei Gewölbe oder Säle und oben ebensolche Räume. In diesen Lokalitäten wurde der sehr beträchtliche Vorrat von altem und neuem Geschütz, Waffen und anderen Kriegsausrüstungen aufbewahrt.

Beim Eintritt in die untere Galerie des vorderen Gebäudes erblickte man die sehr ähnlich wirkende, lebensgroße Figur Karls XII., Königs von Schweden. Diese Figur trug die gleiche Uniform, die der König in der Schlacht bei Poltawa in Russland trug, in der er verwundet wurde und sich in einer Sänfte tragen ließ. Es fragt sich sehr, ob die vorerzählte Sage nicht damit in Zusammenhang steht, wie es ja häufig vorkommt, dass im Laufe der Tage Zeit und Personen verwechselt werden.

Karl XII. von Schweden (1682–1718) wurde nicht bei der Schlacht bei Poltawa am 8. Juli 1709, sondern vorher bei einem Aufklärungsversuch am 28. Juni verwundet. Deshalb konnte er an der Schlacht nicht selbst teilnehmen. Auch zu seiner Zeit gab es das Germanische Nationalmuseum nicht, zudem war er niemals in Nürnberg. Dieser Deutungsversuch läuft also ins Leere, auch wenn der Hinweis, dass in Sagen im Laufe der Jahrhunderte Zeit und Personen flexibel gehandhabt werden, durchaus richtig ist.

Gottlieb Trost. [Quelle: G. Müller, Public Domain, via Wikimedia Commons]

In diesem Zeughause befanden sich gegen 200 Kanonen, Mörser und Bombenkessel und Armatur für 1500 Mann, der alten Ritterrüstungen und Kriegswerkzeuge gar nicht zu gedenken.

So reich auch dieses Zeughaus bestückt war, so mangelte ihm doch lange Zeit eine zweckmäßige, geschmackvolle Einrichtung. Diese erhielt es durch den Ingenieur und Architekten Gottlieb Trost, dem im Jahre 1707 die Stelle eines Zeugmeisters übertragen wurde.

An den Seitenwänden der Säle waren Pistolen, Säbel, Degenklingen, Bajonette, Karabiner und andere Waffen so kunstvoll aneinandergefügt, dass sie die schönsten Rosetten, Sonnen, Sterne, Kriegsarmaturen und Ovale mit Buchstabenzügen bildeten.

An den Eingängen der Säle bildeten die von Flintenläufen, Pulverhörnern und anderen Kriegsbedürfnissen zusammengesetzten Säulen die schönsten Portale, und boten dem Betrachter dadurch einen imposanten Anblick. Überall waren Lampen angebracht, um das Ganze auch nötigenfalls beleuchten zu können. Diese vortreffliche Anordnung vollendete er erst 1728, das Jahr, in dem ihn am 14. Juni der Tod ereilte.

Gottlieb Trost (1672–1728) war Sohn eines Nürnberger Architekten. Nach Arbeiten vorwiegend in Polen übernahm er nach dem Tod des Vaters in Nürnberg dessen Geschäft im Jahr 1700. Bereits 1706 nahm man ihn in den Größeren Rat der Reichsstadt auf und ernannte ihn ein Jahr später zum Zeugmeister.

Alle Fremden, ja selbst Kaiser, Könige und Fürsten, die das Nürnberger Zeughaus besuchten, bewunderten die vortreffliche Einrichtung und den Reichtum desselben. Wenn der Beschauer die unteren Räume durchwandert hatte und schon alles gesehen zu haben glaubte, wurde er aufs Neue überrascht, wenn man ihm die mittleren Etagen mit den Waffenvorräten zeigte. Erstaunt musste der Gast gestehen, dass wenige Städte Gleiches aufzuweisen hätten.

Geplündert wurde dieses herrliche Institut durch die Franzosen im Jahr 1796. Was sie übrig ließen, führten die Österreicher weg, und nur die Waffen und Rüstungen aus ältester Zeit blieben zurück. Doch auch diese wurden teils an Liebhaber, teils an Spekulanten verkauft und befanden sich hier und da zerstreut in auswärtigen Altertumssammlungen oder wurden gar eingeschmolzen.

Erst August Essenwein gelang es nach 1866 durch unermüdliche Bemühungen, mit vielen Opfern einen Teil der alten Zeughausstücke wieder nach Nürnberg zurückzubringen, wo sie nunmehr eine der merkwürdigsten und wertvollsten Abteilungen der großartigen Sammlung des Germanischen Museums bilden.

Nach Lotter: Sagen, Legenden und Geschichten …

Das Germanische Nationalmuseum wurde 1852 nach langen Vorbereitungen von Freiherr Hans von und zu Aufseß (1801–1872) gegründet. Fünf Jahre später überließen das Königreich Bayern und die Stadt Nürnberg das ehemalige Kartäuserkloster als Standort für das

Museum. Während des Zweiten Weltkriegs wurde das Gebäude stark beschädigt, allerdings hatte man schon vorher die gesamten Bestände auf verschiedene Orte außerhalb des Geländes verteilt.

Die Pfannenschmiedgasse erreicht man, wenn man den Kornmarkt über den Hallplatz zurückfolgt und dann links abbiegt. Unser Rundgang führt aber in die andere Richtung. Wir folgen dem Kornmarkt zunächst weiter. In der Verlängerung wird daraus die Dr.-Kurt-Schumacher-Straße, die am Ende zum Jakobsplatz einbiegt. Dort steht die St. Jakobskirche, die unser nächstes Ziel ist.

Die Sensenschmiede von Nürnberg

Im 13. Jahrhundert kamen auch Sensenschmiede nach Nürnberg und siedelten sich vor der Mauer an, weil sie keine Bürger waren. Sie genossen aber Schutz und durften im Ernstfall hinter die sichere Mauer. Die harte Arbeit machte sie stolz und es war nicht gut, sich mit ihnen anzulegen. In jener Zeit hatte die Wolfsplage im Reichswald überhandgenommen, und der Burggraf Friedrich entschloss sich, zu einer Jagd aufzubrechen. Seine beiden Söhne Hans, 18 Jahre alt, und Sigmund, 16 Jahre alt, durften ihn begleiten. Doch die Mutter stellte sich dem entgegen. Sie fiel weinend vor ihrem Mann auf die Knie und bat, die Söhne nicht mit auf die Jagd zu lassen, da sie in einem schrecklichen Traum großes Unglück gesehen habe. Doch lachten der Gatte und die Söhne sie aus und zogen von dannen, die Knechte und die Hunde hinterdrein.

Die Jagd verlief erfolgreich. Neben einer Vielzahl von Wölfen hatte man auch Hirsche, Eber und Füchse erlegt. Der Burggraf sandte eine Nachricht an seine Frau, dass alles gut gegangen sei. Die Söhne folgten den Knechten und Hunden zurück nach Nürnberg. Doch vor der Mauer in der Siedlung der Sensenschmiede gab es einen Tumult. Als Hans und Sigmund hinzuritten, um zu sehen, was dort vor sich ging, wurden sie von den Sensenschmieden angegriffen. Mit Sensen und Eisenstangen schlug man auf die Knechte und Hunde ein und schon wurden auch die beiden Junker angegriffen. Sie hatten keine Chance, die Sensenschmiede waren in der Überzahl. Als die Schmiede zur Besinnung kamen, waren viele Knechte verletzt und die Junker lagen tot am Boden. Die Knechte legten Hans und Sigmund auf die als Bahre dienenden Spieße, und trugen sie zur Nürnberger Burg zurück.

Was geschehen war, erfuhr man erst später. Die Trossknechte hatten den Hunden freien Lauf gegeben. Als sie durch die Siedlung der Sensenschmiede kamen, saß ein vierjähriger Junge vor der Tür und spielte. Die Mutter hatte ihm zum Schutz vor der Kälte ein Wolfsfell umgelegt. Die Hunde, noch heiß von der Jagd, stürzten sich auf den vermeintlichen Wolf und bissen das Kind tot, bevor die Knechte sie zurückreißen konnten.

Als der Burggraf am nächsten Tag mit Rittern und Knechten kam, um die Schuldigen zu richten, war keiner mehr da. Die Sensenschmiede hatten aus Angst vor der Rache des Burgherrn ihre Sachen gepackt und waren verschwunden. Die beiden Junker aber wurden in der Kirche St. Jakob bestattet. An der Stelle aber, an der die beiden Junker getötet wurden, ritzte man zur Erinnerung zwei Kreuze in die Stadtmauer.

Nach Stritzke: Es war einmal …

Dort, wo jetzt die Kirche St. Jakob steht, vermutet man für die Zeit vor dem Jahr 1000 einen fränkischen Königshof. Eine romanische Kapelle aus dieser Zeit wurde 1209 von Kaiser Otto IV. an den Deutschen Orden gegeben. Gegen Ende des 13. Jahrhunderts riss man diese Kapelle ab und baute, unter anderem aus dem Material der Kapelle, die Kirche St. Jakob. Im Dreißigjährigen Krieg verlor der Deutsche Orden die Kirche, nach 1648 bekam er sie wieder, um sie bei der Säkularisation 1806 erneut zu verlieren. Seit 1810 ist St. Jakob evangelische Stadtkirche. Im Zweiten Weltkrieg erlitt sie schwere Schäden, wurde aber bis 1962 wiederaufgebaut.

Machen Sie ruhig einen Stopp bei diesem Sagenspaziergang und schauen Sie sich St. Jakob auch von innen an. Der älteste erhaltene Hochaltar Nürnbergs, um 1370 aus der Schule von Veit Stoß und Michael Wohlgemut, ist dort zu finden. Außerdem eine ganze Reihe heraldischer Kunstwerke, die überwiegend an den Wänden des Langhauses hängen. Auch der Minnesänger Tannhäuser soll in St. Jakob seine letzte Ruhestätte gefunden haben, was sich aber nicht sicher nachweisen lässt.

Wenn Sie St. Jakob verlassen haben und sich nordwärts wenden, ist der sogenannte »Weiße Turm« nicht zu übersehen. Er gehörte ursprünglich zur Stadtmauer, was an der Barbakane vor dem Turm noch gut zu erkennen ist. Den Namen hat er von dem weißen Verputz früherer Jahre, von dem jetzt aber nichts mehr zu sehen ist. In Nürnberg wird gelästert, dass er deshalb nicht mehr weiß sei, weil die Nürnberger Jungfrauen sie reinigen sollten.

Wenn Sie nicht viel Zeit haben, dann biegen Sie hinter dem Weißen Turm in die Breite Gasse ein, an der ersten Kreuzung links in die Färberstraße und dann wieder rechts in die Brunnengasse. Dieser folgen Sie, bis sie auf den Lorenzplatz und auf die St. Lorenzkirche stoßen. Überspringen Sie die folgenden Abschnitte und lesen Sie ab der Lorenzkirche (Das Teufelsbrünnlein vor der Lorenzkirche) weiter. Spannender ist es aber, der Route weiter zu folgen.

Der Hans-Sachs-Brunnen, genannt: Ehekarussel. [Quelle: H.D. Radke]

Das bittersüße Eheleben

Wenn Sie den weißen Turm umgangen haben, finden Sie dahinter einen auffälligen Brunnen, der von den Nürnbergern »Das Ehekarussel« genannt wird, obwohl der tatsächliche Name »Hans-Sachs-Brunnen« lautet. Der Bildhauer Jürgen Weber (1928–2007) hat ihn im Auftrag der Stadt Nürnberg entworfen, gestaltet und 1984 aufgebaut. Er sollte dort einen Entlüftungsschacht der U-Bahn verdecken. Der Brunnen war bei den Nürnbergern damals sehr umstritten. Viele empfanden ihn als zu vulgär. Außerdem hat die Realisierung das vorgegebene Budget deutlich überschritten. Heute ist der Brunnen eine touristische Attraktion und als bedeutendes neuzeitliches Kunstwerk auch über die Stadtgrenzen hinaus anerkannt. Sie sollten nicht daran vorbeigehen, ohne es zu betrachten. Vorlage war ein Gedicht des berühmten Nürnberger Schuhmachers und Poeten Hans Sachs, das Ihnen hier nicht vorenthalten werden soll.

Das bittersüße ehlich Leben

Gott sei gelobet und geehrt,
Der mir ein frommes Weib hat beschert,
Mit der ich zweiundzwanzig Jahr'
Gelebt hab', Gott gab länger gar
Wiewohl sich in mein ehlich' Leben
Hat Süß und Saures oft begeben
Gar wohl gemischt von Freud und Leid,
Erst auf, dann ab, ohn' Unterscheid.
Sie hat mir nicht stets kochet Feigen,
will schwankweis Dir ein Teil anzeigen.

Sie ist ein Himmel meiner Seel',
Sie ist auch oft mein Pein und Höll,
Sie ist mein Engel auserkoren
Ist oft mein Fegeteufel worden.
Sie ist mein Wünschelrute' und Segen,
Ist oft mein Schauer und Platzregen,
Sie ist mein Mai und Rosenhag,
Ist oft mein Blitz und Donnerschlag,

Mein Frau ist oft mein Schimpf und Scherz,
Ist oft mein Jammer, Angst und Schmerz,
Sie ist mein Wonn und Augenweid,
Ist oft mein Trauern und Herzeleid,
Sie ist mein Freiheit und mein Wahl,
Ist oft mein Gefängnis und Notstall,

Sie ist mein Hoffnung und mein Trost,
Ist oft mein Zweifel, Hitz und Frost,
Mein Frau ist meine Zier und Lust,
Ist oft mein Grauen und Suppenwust,
Ist oft mein königlicher Saal,
Ist oft mein Krankheit und Spital,

Mein Frau, die hilft mir treulich nähren,
tut mir auch oft das mein' verzehren,
Mein Frau, die ist mein Schild und Schutz,
ist oft mein Frevel, Poch und Trutz.
Sie ist mein Fried' und Einigkeit
Und oft mein täglich Hebensstreit,

Sie ist mein Fürsprech und Erlediger
Ist oft mein Ankläger und Prediger,
Mein Frau ist mein getreuer Freund,
Oft worden auch mein größter Feind,
Mein Frau oft mildsam ist und gütig,
Sie ist auch zornig oft und wütig,
Sie ist mein Tugend und mein Laster,
Sie ist mein Wund und auch mein Pflaster,
Sie ist meines Herzens Aufenthalt,
Und machet mich doch grau und alt.

Hans Sachs (1494–1576) war ein Nürnberger Schuhmacher und Spruchdichter und der berühmteste der im 15. und 16. Jahrhundert zunftartig organisierten Meistersänger. Zentren dieser Dichtschule waren neben Nürnberg die Städte Augsburg, Straßburg und Frankfurt am Main, aber auch andere Städte konnten solche poetischen Gilden, zu denen ausnahmslos Handwerker gehörten, vorweisen. Hans Sachs war der Sohn eines Schneidermeisters, be-

suchte die Lateinschule und absolvierte schließlich eine Schuhmacherlehre. Auf seiner Gesellenwanderung kam er auch nach Innsbruck an den Hof Kaiser Maximilians I. und entschloss sich dort zum Studium des Meistersangs. Nach einem Aufenthalt in München kehrte er nach Nürnberg zurück und blieb dort zeitlebens. Er soll mehr als 6000 Werke geschaffen haben, die meisten davon Verse, aber auch Schwänke und Fastnachtsspiele. Er arbeitete zeitlebens als Schuhmacher, da die Meistersinger nicht für Geld schrieben. Das Gedicht wurde leicht angepasst, um es verständlicher zu machen. Manche alten Begriffe erklären sich aber leicht aus dem Zusammenhang. So ist beispielsweise ›Suppenwust‹ leicht als Durcheinander zu verstehen.

Hans Sachs. [Quelle: Public Domain, via Wikimedia Commons]

Wenn Sie sich an dem Brunnen sattgesehen haben, folgen Sie linker Hand der Straße, gehen am Knöpflesbrunnen vorbei, ohne sich länger aufzuhalten, biegen auf den Josephsplatz ein, dort links in die Hutergasse, die in die Mühlgasse mündet. Verlassen Sie diese jedoch gleich wieder nach links über die Obere Wörthstraße, von der Sie rechts auf den Unschlittplatz einbiegen.

Vom Magistrat der Königlich Bayerischen Stadt Nürnberg …

… Wird hiermit ein Fall zur allgemeinen öffentlichen Kenntnis gebracht, der so merkwürdig und in seiner Art vielleicht so unerhört ist, dass er nicht nur die Aufmerksamkeit aller Polizei- und Justiz-, Zivil- und Militärbehörden, sondern auch die Teilnahme aller fühlenden Menschen unseres Vaterlandes in Anspruch nimmt.

Auf dem Unschlittplatz tauchte Kaspar Hauser erstmalig auf. [Quelle: H.D. Radke]

Am zweiten Pfingstfeiertag, Montag, den 26. Mai d.J. nachmittags zwischen 4 und 5 Uhr begegnete einem hiesigen Bürger, am Eingang der Kreuzgasse dahier, bei dem s.g. Unschlitt-Platze, ein junger Mensch, dem Anscheine nach 16 bis 18 Jahre alt, ohne Begleitung und fragte ihn nach der Neuthorstraße. Der Bürger erbot sich, dem jungen Menschen den Weg dahin zu zeigen, und begleitete ihn; während dessen zog dieser aus seiner Tasche einen versiegelten Brief, worauf die Adresse stand:

An. Tit. Hrn. Wohlgeborhner Rittmeister bei der
4. Esgadron des 6. Chevauxlegers-Regiment in Nürnberg

Dies bewog den Bürger, mit ihm auf die Wache vor dem neuen Tor zu gehen, um dort am Ehesten Auskunft zu erlangen. Auf dem weiten Weg dahin suchte der Bürger ein Gespräch mit ihm anzuknüpfen, überzeugte sich aber bald, dass wegen Mangels an Begriffen bei ihm solches nicht möglich sei. Am neuen Tor angelangt, wurde der junge Mensch, nach Vorzeigung des Briefs, an das nicht weit davon entfernte Haus gewiesen, in welchem der bezeichnete Herr Rittmeister wohnte. In dessen Abwesenheit bemühte sich der Bediente, den jungen Menschen möglichst auszufragen, konnte aber keine befriedigenden Antworten erlangen, und, als inzwischen der Herr Rittmeister zurückgekommen war, den Brief gelesen, aber sich ebenfalls vergebens bemüht hatte, dessen ihm ganz fremden rätselhaften Inhalt bei dem jungen Menschen näher zu erforschen, wurde solcher nebst diesem Brief noch an jenem Abend dem Magistrat übergeben. …

Nach Magistrat: Bekanntmachung …

Bei dieser Person, die auf dem Unschlittplatz auftauchte, handelte es sich um Kaspar Hauser (1812–1833), der hier, nach der unglaublichen Einkerkerung seine ganz Kindheit über, ins öffentliche Leben trat. Fünf Jahre später wurde er in Ansbach ermordet. Dies ist keine Sage, sondern es sind historische Tatsachen. Seine Herkunft, um die es viel Spekulationen gibt, liegt allerdings nach wie vor im Dunkeln. Auch die Umstände seines Todes sind nicht mit letzter Sicherheit aufgeklärt und haben bis heute zu vielen Deutungen geführt. Insofern ist es durchaus angebracht, auf dem Unschlittplatz daran zu erinnern. Eine Tafel, die dort angebracht ist, hilft dabei.

Am Ende des Unschlittplatzes führt ein hölzerner Steg über die Pegnitz zu der Insel, die den Namen »Trödelmarkt« trägt. Dies ist der Henkersteg, den Sie aber ohne Bedenken überqueren können. Heutzutage zumindest, denn vor Jahrhunderten soll es einmal anders gewesen sein.

Der Henkersteg führt über die Pegnitz.

[Quelle: H.D. Radke]

Eulenspiegel auf dem Henkersteg

Till Eulenspiegel kam auf seinen Fahrten, bei denen er in den verschiedenen Städten immer aufs Neue die Leute foppte, nach Nürnberg und trieb dort allerlei Späße und Unfug. Einmal nahm er nachts vier Balken aus dem Henkersteg heraus. Danach schlich er zum Rathaus, wo Wachen und Stallknechte ausharrten. Er machte vor dem Rathaus einen solchen Lärm, rülpste laut und schrie, dass die Wächter ihren Harnisch anlegten, zu den Waffen griffen und aus dem Rathaus stürmten, um den Schalk und Lärmmacher zu fangen. Dieser aber eilte durch die Stadt, den Fischmarkt hinunter, hinauf zum Saumarkt, die Wächter immer hinterher, schon mächtig schnaufend, wegen der schweren Rüstungen und Waffen. Dann flitzte der Eulenspiegel zum Henkersteg, zwängte sich an dem von ihm gemachten Loch vorbei, sich dabei am Geländer festhaltend, blieb drüben stehen und höhnte und hetzte: »Ihr Dummköpfe, kommt her, kommt her!«. Die Wächter hatten nicht acht auf ihren Weg und wollten den Eulenspiegel unbedingt fangen, drängten dabei, denn jeder wollte ihn als Erster fassen, und gerieten so über das Loch und plumpsten allesamt in die Pegnitz hinunter. Alle wurden nass, verloren teils ihre Waffen, teils ihre Rüstungen, nicht wenige verletzten die Kameraden, sodass nicht einer ohne Schaden wieder herauskam.

Nach Lotter: Sagen, Legenden und Geschichten …

Till Eulenspiegel ist eine literarische Figur, erstmals erschienen um 1510 als Volksbuch unter dem Titel »Ein kurzweilig lesen von Dil Ulenspiegel, geboren vß dem land zu Brunßwick, wie er sein Leben vollbracht hat …«. Dieses Buch wurde so populär, dass der Protagonist in den folgenden Jahrhunderten auch andernorts in diversen Sagen auftaucht, ebenso in Nürnberg. Wir werden ihm in diesem Buch noch an einer anderen Stelle begegnen.

Am Ende des Stegs finden Sie das Henkerhaus. Auch wenn es Sie möglicherweise gruselt, gehen Sie einmal hinein und schauen sich die Ausstellung an. Interessant ist sie allemal, auch wenn es sich nicht um ein schönes Thema handelt.

Der ehrliche Scharfrichter

Das Henkerhaus, heute mit Museum.

[Quelle: H.D. Radke]

Anfang des 1584. Jahrs.

75) Den 26. Jan. Enderla Modler, sonst der Haut genannt, von Gostenhoff, ein Dieb, so auch einen Betenden, bei St. Johannes helfen berauben, zu Nürnberg mit dem Strang gerichtet, sein Vater ein Wirt zu Farrenbach, auch allda mit dem Strang gerichtet worden.

76) Den 30. dito. Hans Schmid, von Affternthal, sonst der Bettelbauer genannt, ein Dieb, zu Nürnberg mit dem Strang gerichtet.

77) Den 11. Febr. Maria Kürschnerin, von Nürnberg, sonst die Schützenmaria genannt, welche zuvor mit Ruten ausgestrichen worden, und die Ohren abgeschnitten, auch Catharina Schwerzin, von Wehr, sonsten das Bauern Kätterlein genannt, welche zu vorn auch ausgestrichen worden, beide Huren und Diebinen, so selbsten mit Ihren Diebesbuben und -gesellen,

in die Bürgerhäuser eingestiegen und eingebrochen, gewaltig viel gestohlen, zu Nürnberg beide mit dem Strang gerichtet, ist zuvor nie erhört worden, auch nicht geschehen, das man ein Weibsbild, zu Nürnberg hätte mit dem Strang gerichtet.

78) Den 13. Febr. Hensa, von Geyselwindt, sonsten der Klein Dieth genannt, Hensa Pallauff, von Fernda, Kiltan Wurm, von Birnspach, sonsten der Bockhendt genant, und Hans Schober, von Wehr, sonst der Pülfferla genannt, Hensla Klopffer, von Reigelsdorff, fünf Diebe, so mit der listificirten Schützen-Marta, und Bäuerin Ketterla, eingebrochen und gestohlen, zu Nürnberg mit dem Strang gerichtet.

...

80) Den 24. dito. Heinrich Beüt, von Buch, sonst der Grämer genannt, ein Dieb, und Mörder, so einen Karrenmann bei Röttenbach neben seinen Gesellen erschlagen, und das Geld genommen, einen Fuhrman von Grüendla bei Bruth 65 Gulden genommen, einen anderen Fuhrman bei Dennenloe, im eigenen Wäldlein 17 Gulden genommen, einen Karrenmann hinter Schwabach 6 Gulden genommen, auch 4 Rosse gestohlen, zu Nürnberg mit dem Rad gerichtet.

81) Den 12. Mai Domicius Kobrnn, von Nürnberg, ein Landsknecht, des Wirts beim Hürnlein Sohn, Soabernius von Wixenstein ein Edelmann und Kriegsman, bei Hans Lachunen erstochen, zu Nürnberg mit dem Schwert gerichtet.

82) Den 7. Juli Anna Peyelstainen, von Nürnberg, sonsten das Moser Annela genannt, wegen das sie mit Vater und Sohn, die Doppengieß genannt, so Eheweiber, und Sie ein Eheman gehabt, desgleichen sonsten mit 21 Ehemännern und jungen Gesellen Unzucht getrieben, und Ihr Mann dazu geholfen, alhier stehend mit dem Schwert gerichtet. Ihren Mann hat man mit Ruten ausgestrichen, der hat geheißen Jeronimus Peyelstein, welcher diesen Vers bei St. Peter mit einer Kreide an die Mauer bei ihrem Grab geschrieben,

Vater und Sohn soll man tun wie Ihr, und den Kuplern desgleichen, Kaiser und König will ich in jetziger Welt anrufen und verklagen, das kein Iustici nicht geschehen. Ich armer Mann unschuldig dazu gekommen. Ade zu guter Nacht.

...

87) Den 17. Nov. Anna Freyin, Tuchhefterin zu Nürnberg, wegen das sie Ihr Kind, welches sie mit eines Messners Gesellen, Ambrosius genannt, erzeugt, sie zuvor einen

Ehemann gehabt, welches Kind ein Knäblein, und zwei Jahre alte gewest, bei Barfüßern in denselben Brunnen geworfen, und ertränkt, danach selbsten in das Loch gegangen, allhier mit dem Schwert gerichtet.

Summa 20. Personen

Nach Endter: Meister Frantzen Nachrichter …

Franz Schmidt war der Sohn des Bamberger Scharfrichters Heinrich Schmidt. Dieser war durch die Obrigkeit zum Henker bestimmt worden. Ein Wahlrecht hatte er nicht. Dass der Sohn das Amt des Vaters übernahm, war ebenfalls vorgegeben. Nachdem er zuvor einige Jahre das Amt in Bamberg ausgeübt hatte, kam er 1578 nach Nürnberg, heiratete dort ein Jahr später Maria Beck, mit der er sieben Kinder hatte. Vier davon, zwei Söhne und zwei Töchter, überlebten die Kinderzeit. Die Familie wohnte in jenem Henkerhaus, am Ende des Henkersteges. Er starb am 14. Juni 1634 in Nürnberg. Sein Grab ist bis heute auf dem Nürnberger Rochus-Friedhof erhalten. Von Beginn seiner Tätigkeit im Jahre 1573 an führte er ein Verzeichnis der von ihm vollzogenen Todes- und Leibesstrafen. Schmidt bemühte sich, die Exekutionen auf solche Weise durchzuführen, dass sie den Delinquenten die geringsten Qualen verursachten, soweit das möglich war. Bei Frauen intervenierte er gegen das Ertränken, sodass die Hinrichtung gnadenhalber in die Schwertstrafe umgewandelt wurde. Schmidt bemühte sich auch, sich von der gesellschaftlichen Ächtung, die mit seinem Beruf verbunden war, zu befreien. Bereits 1593 erwarb er das Nürnberger Bürgerrecht. Er betätigte sich zusätzlich auf medizinischem Gebiet und wurde am 12. September 1624 von Kaiser Ferdinand II. auf seine Bitte hin »ehrlich« gesprochen.

Die auszugsweise eingefügte Liste der Hinrichtungen ist im eigentlichen Sinne keine Sage, kann aber hier durchaus als sagenhafte Information aus vergangener Zeit stehen, deren Wahrheitsgehalt objektiv bestätigt werden kann.

Wir gehen nun nach rechts über die Insel, die als Nürnberger Trödelmarkt gilt. Kurz vor dem Ende, dem überraschend kleinen grünen Dreieck, die als Liebesinsel bezeichnet wird, überqueren wir nach links auf einer Brücke die Pegnitz. Wir halten uns rechts und gehen auf der Fleischerbrücke zurück auf die andere Seite, biegen links in die Kaiserstraße ein, um am

Ende rechts auf der Königsstraße zur Lorenzkirche zu kommen. Noch vor der Kirche fällt der große Brunnen mit der hohen Skulptur auf. Dies ist der Tugendbrunnen, der in der Spätrenaissance, von 1584 bis 1589 erbaut wurde. Damals lag er vor dem Friedhof, der ungefähr dort angelegt war, wo heute der Lorenzplatz ist. Er ersetzte einen einfachen Brunnen, der bereits seit dem Mittelalter für die Wasserversorgung der Nürnberger zuständig war. Über den Verzierungen und Engeln thronen die sechs Haupttugenden, dargestellt als weibliche Allegorien. Über diesen wiederum tragen posaunenblasende Knaben eine letzte Schale, auf der die siebte Tugend, die Gerechtigkeit steht. Einen Blick ist dieser Brunnen auf jeden Fall wert. Sagenhaft aber ist der eher unscheinbare Brunnen vor dem ersten Turm der Lorenzkirche.

Das Teufelsbrünnlein vor der Lorenzkirche

Nach der Schule pflegten die Nürnberger Buben am Lorenzer Platz mit ihren Murmeln zu »schussern«. Einer war dabei besonders wild, fluchte und schimpfte viel, und was noch schlimmer war, er schummelte, wo er konnte. Als ihm dies seine Kameraden vorhielten, rief er: »Ich schummele nicht! Wenn es nicht wahr ist, so soll mich der Teufel holen.« Darauf war plötzlich ein Brausen in der Luft. Alle anderen Buben sprangen beiseite und duckten sich. Der Teufel kam herabgefahren, griff sich den schlimmen Buben und trug ihn davon. Buch und Tafel sowie der Hut des Jungen fielen herab und der Hut blieb am Chordach der Lorenzkirche hängen, wo der Blechknauf des Blitzableiters heute noch den Namen Lausbubenkäpple trägt. Tafel und Buch fielen aber auf das Nassauer Haus und sollen dort lange liegen geblieben sein.

Nach Karl Stritzke: Es war einmal

Der Sandsteinbrunnen stammt nicht aus alter Zeit, sondern wurde erst 1888 gebaut. Auf dem rechten Absatz, der zum Rundpfeiler hochführt, ist ein Drache zu sehen, auf dem Linken der Teufel, der den Schusserbuben holt.

Teufelsbrünnlein. Detail: Der Teufel holt den Schusterbuben.

Die gotische St. Lorenzkirche ist eine der beiden großen evangelischen Stadtkirchen Nürnbergs. Während die ältere St. Sebald den Pfarrbezirk im nördlichen Stadtteil angehört, ist St. Lorenz die des südlich der Pegnitz gelegenen Siedlungsgebiets. Mit dem Bau begonnen wurde Mitte des 13. Jahrhunderts und gegen Ende des 14. Jahrhunderts fertiggestellt. Erweiterungen wurden aber noch im folgenden Jahrhundert durchgeführt.

Die drei Baumeister von St. Lorenz

Einer der beiden Türme von St. Lorenz wird der Alte genannt. Wie dieser Turm im Bau begriffen war, hatten zwei Meister dran zu schaffen und vorerst schon einem anderen Meister die Arbeit abgejagt. Nachdem sie diesen endlich los waren, loderte in beiden ein grimmiger Hass und Zorn auf den jeweils anderen auf. Sie beschlossen, den Konkurrenten zu verderben. Damit es aber niemand merkte, taten die beiden, als wären sie die besten Freunde. Darüber verging etliche Zeit, bis sie eines Tages hinaufsteigen mussten, so hoch der Turm bereits gebaut war. Als nun der eine Baumeister an das Fenster trat und hinaussah, packte ihn der andere und wollte ihn hinabschleudern. Der erste aber, der gleiches vorgehabt hatte, klammerte sich fest an ihn und riss ihn mit hinaus. Also stürzten sie beide hinab und zerschmetterten sich alle Knochen.

Dabei stand der Dritte unten, nicht eine Hand breit entfernt, denn er hatte hart am Turm hinaufgeschaut. Als das der Rat erfuhr und der ehemalige Baumeister, der am Leben geblieben war, erzählte, wie sie ihm mitgespielt hatten, obwohl er ihnen doch nie etwas zu Leid getan hatte, war des Rates Bescheid: Des Werkes weiterer Bau gebühre ihm, denn wundersam habe Gott die zwei Bösen vernichtet und ihn aus Todesgefahr errettet, denn die herabstürzenden zwei hätten ihn bei ihrem Sturz auch erschlagen können. Es stehe ihm frei, ein Wahrzeichen zu setzen. Drauf sagte der Baumeister: »Das sei ferne von mir! Eher will ich die Spuren der schlimmen Tat ganz verwischen!« Darauf war sein Erstes, dass er das Fenster zumauerte. Das Weitererzählen konnte er aber nicht verhindern, sodass die Sage bis heute auf uns gekommen ist.

Nach Alexander Schöppner: Sagenbuch der Bayerischen Lande

Es lohnt sich, einen Blick in die reich ausgestattete Kirche St. Lorenz zu tun. Es sind viele Meisterwerke gotischer Kunst darin zu finden, die unter anderem von den Nürnberger Künstlern Adam Kraft (1455–1509) und Veit Stoß (1447–1533) geschaffen wurden.

Der eingemauerte Mönch

In der finstersten Zeit des Mittelalters war es eine der peinlichen Strafen, lebendig eingemauert zu werden. Diese Strafe wurde über Geistliche, Weltpriester, Mönche und Nonnen verhängt, die sich Versündigungen gegen das Zölibat, Ketzereien oder sonstige nach der Kirchenregel schwer zu sühnende Verbrechen zu Schulden kommen ließen. Zuweilen wurden sie in ein mit einem Sitz versehenes Mauerloch in irgendeiner Kirchen- oder Klosterwand gebracht, ihnen für kurze Zeit reichende Lebensmittel und etwa auch eine Lampe mit etwas Ölvorrat mit in das Mauergrab gegeben, dann die Öffnung zugemauert, sodass sie, von Luft und Licht abgeschlossen, eines elenden Todes sterben mussten.

Dass dabei sehr oft nach Willkür verfahren wurde, und der Verfolgung aus Hass, Rachsucht, blindem Fanatismus und allen menschlichen Leidenschaften großer Spielraum gegeben war, lässt sich denken, umso mehr, als die geistliche Jurisdiktion eine ganz unumschränkte war, von der es keinen Appell an irgendein anderes Gericht mehr gab. So geschehen dem Leutpriester, der in der Mitte des dreizehnten Jahrhunderts in der St. Lorenzkirche, in einer Wand der südwestlichen Vorhalle, wo die Glockenseile herabhängen, eingemauert wurde. Wir werden ihm vielleicht nur Gerechtigkeit widerfahren lassen, wenn wir annehmen, dass sein Vergehen, über das nichts bekannt ist, gewiss nicht im Verhältnis zu dieser abscheulichen Strafe stand, falls überhaupt von einem Verhältnis zu einer solchen, selbst bei den schwersten Verbrechen, die Rede sein könnte.

Wir hätten Stoff genug, dieser Sage eine ganz romantische Geschichte zu Grunde zu legen, denn der Verurteilte wurde dadurch am Leben erhalten, dass ihn die Magd des Messners durch irgendeine ausfindig gemachte Öffnung täglich mit Speise und Trank versah. Eine indiskrete Ratte, die von den Glockenläutern gesehen wurde, wie sie mit einem Wurstzipfel im Maul aus einem Loch in der Mauer sprang, gab Grund zur Nachforschung und man fand den Eingemauerten den Verhältnissen nach wohlerhalten in der Mauerkammer, die zu seinem Grabe bestimmt war. Die Sage versöhnt uns einigermaßen mit dem Charakter jener Zeit, weil sie hinzufügt, dass man dem Eingemauerten ob seiner wunderbaren Rettung das Leben schenkte, ihn aber für ewige

Zeiten aus der Stadt verbannte, worüber er sich umso mehr getröstet haben wird, als man auch seiner Lebensretterin, der gutherzigen Magd, ihren Eingriff in die geistliche Kriminalrechtspflege großmütig verzieh.

Nach Johann Paul Priem: Nürnberger Sagen und Geschichten

Einer anderen Quelle nach soll die Magd durch den frischen Putz aus Mitleid selbst das Loch gebohrt haben, durch das sie dem Mönch oder Priester die Lebensmittel zuschob (Stritzke). Gleichwohl lässt sich heute keine Stelle in St. Lorenz verorten, wo dieses Mauergrab einstmals geschaffen worden sein könnte. Einmauerung als Strafe ist ein literarisches Motiv. Es taucht in vielen Sagen und Erzählungen auf. Als Bauopfer ist die Einmauerung von Menschen und Tieren seit der Antike bekannt. Keineswegs ist diese Praxis heute schon verschwunden, denn es sind Einbetonierungen als Racheakt durch die Mafia bekannt geworden. Anders als in Mittel- und Norddeutschland wurden die Pfarrer in Süddeutschland noch lange Leutpriester (mhd. liutpriester) genannt. Es war die Bezeichnung für einen Geistlichen, der eine Stelle mit pfarrlichen Rechten besetzte und einem Bischof unterstand.

Die Messe der Toten

Eine edle Frau, die frühzeitig zur Witwe wurde und ihren Gemahl schmerzlich betrauerte, suchte täglich Trost in der nahen Lorenzkirche. Besonders die Frühmessen versäumte sie kaum. Sie war zu jeder Jahreszeit die Erste in der Kirche.

So wollte sie auch an einem Allerseelentag die Messe besuchen. Noch halb träumend glaubte sie, die Glocken zu hören, die zum Gottesdienst riefen. Als sie aus dem Schlaf erwachte, hielt sie die Helle des Vollmonds für das erste Grauen des Tages, kleidete sich rasch an, warf ihren Mantel um und eilte über die Straße in die Kirche, deren Türen offenstanden. Sie bemerkte, dass die Kirche von einer großen Zahl Andächtiger gefüllt war. Auf ihrem Platze angelangt, sah sie den Priester am Altar die heilige Messe zelebrieren. Doch es war merkwürdig, die Kerzen, obgleich sie in ungewöhnlicher Menge brannten, warfen nur einen fahlen Schein, der die Gesichter aller Anwesenden schauerlich bleich erscheinen ließ. Und als der Priester sich wendete, sodass sie sein Antlitz sehen und seine Züge erkennen konnte, da schien es ihr, als ob es derselbe Geistliche sei, den man erst vor wenigen Wochen auf dem nahen Friedhof bestattet hatte. Erschreckt sah sie um sich und erkannte in allen ihr zunächst stehenden Personen solche, die längst nicht mehr unter den Lebenden weilten. Halb tot vor Schrecken und Entsetzen sank sie auf ihren Stuhl zurück. Da nahte sich ihr eine Jugendfreundin, die sie vor wenigen Monaten selbst mit zu ihrer letzten Ruhestätte begleitet und tief betrauert hatte. Diese sprach in seltsam schauerlichen Ton zu ihr: »Liebe Clara, wenn es zur Wandlung läutet, so fliehe so rasch du kannst aus der Kirche. Sonst ereilt dich selbst der Tod als Strafe für den Frevel, dass du die Seelen der Verschiedenen in ihrer Andacht gestört hast.«

Wie ein Nebel zerfloss das Bild der Freundin vor ihren Blicken, wie trunken vor Grauen erhob Frau Clara sich aus ihrem Stuhl und floh, so schnell es ihre zitternden Glieder erlaubten, der Tür zu. Da war ihr, als ob alle die Menschen, die in der Kirche waren, hinter ihr drein huschten und sie verfolgten. Mit Mühe gelangte sie über den Kirchhof, dessen Gräber sie alle geöffnet zu sehen glaubte, in ihr Haus zurück. An dessen Schwelle sank sie ohnmächtig in die Arme ihrer Magd, die erschreckt über den nächtlichen Ausgang ihrer Gebieterin, ihr soeben nacheilen wollte. Vom Turm der Lorenzkirche schlug es ein Uhr. Der Mond war untergegangen und tiefe Stille herrschte auf dem von der Finsternis der Nacht bedeckten Platz. Als am andern Morgen die Diener des Hauses auf dem Kirchhof nach dem Mantel suchten, den ihre Herrin in der Bestürzung verloren hatte, fanden sie dessen Fetzen verstreut auf den Grabsteinen liegen.

Die ausgestandene Angst warf Clara auf das Krankenbett, und als sie nach langem Siechtum endlich genesen war, nahm sie im Kloster der Klarissinnen den Schleier.

Nach Priem: Nürnberger Sagen und Geschichten

Diese gruselige Sage könnte aus einer modernen Horrorstory stammen. Sie ist allerdings nicht typisch für Nürnberg oder gar die St. Lorenzkirche, sondern auch andernorts zu finden, wo von ähnlichen Totenmessen an Allerseelen berichtet wird.

Sagen und Legenden, die im Zusammenhang mit der Lorenzkirche stehen, gibt es noch eine ganze Reihe mehr. Um in diesem Buch aber Nürnberg als Ganzes zu umfassen, müssen sie leider hier außen vor bleiben. Sie finden sie aber in den angegebenen Quellen bei Interesse ohne große Schwierigkeiten.

Unsere erste Sagenrunde durch Nürnberg ist hier beendet. Sie können die Königstraße zurück zum Hauptbahnhof gehen oder direkt an der Lorenzkirche in die U-Bahn steigen. Falls Sie aber Zeit und Lust haben, machen sie noch einen kleinen Umweg. Hinter der St. Lorenzkirche, fast am Ende des Lorenzer Platzes, biegen sie nach rechts in die Nonnengasse ein, an deren Ende halten sie sich rechts auf die Marstallbrücke. Von dort können Sie in den Teufelsgraben sehen, mit dem zwar keine Sage verbunden ist, der aber die Reste der vorletzten Stadtmauer enthält. Links gehen Sie in die Peter-Vischer-Straße. Gleich rechts ist der Katharinensaal zu finden und dahinter die Ruine des ehemaligen Katharinenklosters.

Die unheilige Katharina

Die Kirche beim St. Katharinenkloster ist von dem Nürnberger Bürger Kraft Lang, der gewöhnlich der »lange Kraft« genannt wurde, erbaut worden. Er ist im Jahr 1324 gestorben und wurde in dieser Kirche begraben. Bei der Erbauung dieser Kirche soll es allerdings nicht ganz rechtmäßig zugegangen sein. Nachdem der fromme Bauherr und Stifter sich mit dem Baumeister über Plan und Kostenanschlag verständigt hatte, ließ er von den Bauleuten den ihm gehörigen Platz, worauf die Kirche zu stehen kommen sollte, abmessen und abstecken.

Der Stifter hatte eine Tochter, die zu dem Konvent der Ordensschwestern gehörte und die auch nach der Ordensheiligen Katharina hieß. Ihr dünkte der vom Vater abgetretene Platz nicht groß genug, um eine würdige Kirche darauf erbauen zu können, und da sie merkte, dass durch Bitten beim Vater wenig zu erreichen sein mochte, gab sie sich dazu her, ihn durch einen frommen Betrug zu hintergehen. Sie ließ den Baumeister, der die Absteckung des Bauplatzes vorgenommen hatte, zu sich kommen – und nachdem sie sich auf das leutseligste mit ihm unterhalten, seinen Plan gelobt und die Ausführungen desselben besprochen hatte, erwähnte sie, dass ihr der abgesteckte Raum für den erhabenen Zweck zu klein erscheine. Von ihrem Vater aber sei, wie sie ihn kenne, nichts weiter zu erlangen, es wäre denn, dass seine zum Wunderglauben geneigten Sinne dies als ein Wunsch der heiligen Katharina selbst erschiene. Und so bewog sie den Meister, in der Nacht unbeobachtet eine Absteckung in ihrem Sinne vorzunehmen und darüber das tiefste Stillschweigen zu bewahren. Als der Vater am folgenden Morgen die Veränderung bemerkte, glaubte er wirklich – und alles Volk mit ihm – nichts anderes, als dass die heilige Katharina selbst dies Wunder bewirkt hätte. So ließ er dann die Kirche in der Ausdehnung erbauen, wie es die heilige Katharina, oder besser seine »unheilige« Tochter, es wünschte.

Dies war jedoch nicht der einzige Betrug, der mit dem Kloster zusammenhängt. Der Folgende ging nicht so glücklich aus. Im Jahr 1525, nach der Reformation, hat man das Katharinenkloster gesperrt und geboten, keine Nonne mehr aufzunehmen. Man ließ jedoch zu, dass die alten Nonnen, so sie nicht selbst hinauswollten, darin ihr Leben beenden dürften. Die noch verbliebenen Nonnen unterstanden sich aber, im Jahre 1533 ihren Dienstmägden die Kutten anzuziehen, damit ihr Konvent wieder zunehmen mochte. Der Rat der Stadt hat aber diese Eigenmächtigkeit nicht geduldet, und die Mägde mussten ihre Kutten wieder ausziehen. Die letzte Schwester ist erst 1596 gestorben. Die Kirche wurde eine Zeit lang, bis ins 18. Jahrhundert hinein, den Meistersingern zur Abhaltung ihrer Singschulen überlassen. Daneben wurde aber auch Gottesdienst darin abgehalten.

Nach Lotter: Sagen, Legenden und Geschichten der Stadt Nürnberg

Gründer des Klosters waren Konrad von Neumarkt und seine Ehefrau Adelheid im Jahr 1295. Die Klosterkirche wurde 1297 geweiht. Inwieweit jener Kraft Lang an der Finanzierung der Kirche beteiligt war, lässt sich nicht sicher belegen. Insofern muss auch davon ausgegangen werden, dass die Sage um den Bauplatz eher der Phantasie der Erzähler über die Jahrhunderte entsprang als der Realität. Im 15. Jahrhundert entwickelte sich das Kloster zu einem der führenden Dominikanerinnenklöster im weiten Umkreis. Die Auflösung des Klosters nach der Reformation ist allerdings eine Tatsache. 1596 wurde es nach dem Tod der letzten Nonne geschlossen und den Meistersingern zur Verfügung gestellt. 1692 nahm das Gebäude auch die Akademie der bildenden Künste auf. Im Zweiten Weltkrieg wurden die Gebäude des Klosters zerstört. In der gesicherten Ruine finden aber noch Konzerte statt, so das St. Katharina Open Air im Sommer.

Von hier aus kommen Sie über die Katharinengasse, die Marientormauer und den Königstorgraben zum Hauptbahnhof zurück. Falls Sie aber noch Lust auf mehr und noch ausreichend Kondition haben, dann brechen Sie ab hier zu der zweiten Sagentour jenseits der Pegnitz auf. Sie gehen die Peter-Vischer-Straße weiter, biegen in den Unteren Bergauerplatz ein und folgen in der Verlängerung dicht an der Pegnitz der Pfarrgasse bis zur Museumsbrücke. Von dort können Sie rechter Hand das Heilig-Geist-Spital sehen.

Der grindige Heinz

Um das Jahr 1320 lebte zu Nürnberg einer vom Geschlecht der Heinzen, den man damals den grindigen Heinz nannte, da er in seiner Jugend mit dem Grinde behaftet gewesen war. Sein Vor- oder Taufname war Konrad. Dieser Mann besaß großen Reichtum und hatte sein Haus in einem Garten vor der Stadt.

Einmal, da er in diesem Garten sich zu schaffen gemacht hatte und von der großen Sonnenhitze ermüdet war, legte er sich unter das Schattendach einer Linde, die auf einer kleinen Anhöhe stand. Als er nun eingeschlafen war, träumte ihm, wie er in seinem Garten einen großen Schatz fände, aber leider kein Werkzeug bei sich hätte, um nachgraben und den Schatz heben zu können. Daher streute er eine Handvoll Lindenblätter auf die Stelle, um so den Ort, wo der Schatz lag, zu bezeichnen.

Als er nun aus diesem Traume erwachte, ging er sogleich in seinem Garten herum und kam dabei an einen Ort, welcher wunderbarerweise mit Blättern bezeichnet war. Weil aber diese Blätter rechte und natürliche Lindenblätter waren, so dachte Heinz, das sei doch kein bloßer Traum, sondern göttliche Eingebung gewesen, fasste auch sogleich den Entschluss, falls sich der Traum als wahr herausstellen sollte, den ganzen Schatz den Armen zukommen zu lassen. Hierauf legte er mit den Seinigen Hand an, und tatsächlich, als man eine Weile fortgegraben hatte, fand sich tatsächlich ein Schatz.

Nun stattete Heinz dem Nürnberger Rat Bericht ab, wie er gesonnen sei, sein Gelübde zu erfüllen. Dazu kaufte er das Jungfrauenklösterlein, welches »zum Himmelsthron« genannt wurde, ließ es abtragen und stattdessen ein Spital bauen. Die Nonnen wechselten nach Gründlach ins Kloster.

Der Stifter des Spitals hat auch zwölf Chorschüler verordnet, täglich zu gewissen Stunden in dem Spital Choräle zu singen.

Später wurde aber der grindige Heinz Konrad Groß genannt. Er führte die dreiundzwanzig Blättlein des Lindenbaums, die zur Kennzeichnung des Schatzes auf dem Platz gelegen hatten, samt dem Hügel, worauf er geschlafen und geträumt, zum ewigen Gedächtnis in seinem Wappen, welches ihm Kaiser Ludwig bestätiget.

Der Nürnberger Rat Konrad Groß.

[Quelle: Public Domain, via Wikimedia Commons]

Nach Lotter: Sagen, Legenden und Geschichten der Stadt Nürnberg

Das Spital entstand im Jahr 1339, zunächst als Siechenhaus. Wie auch in anderen Städten üblich, wurde es dem Heiligen Geist gewidmet. Stifter war Konrad Groß (1280–1356), ein reicher Bürger Nürnbergs. Er war der Sohn von Heinrich Groß, der auch Heinz der Reiche genannt wurde. Daher stammt möglicherweise die Angabe in der Sage, welches der Stifter vom Geschlecht der »Heinzen« gewesen sei. Ob aber Konrad Groß tatsächlich mit dem »grindigen Heinz« identisch ist, kann nicht mit Sicherheit gesagt werden. Mit »Grind« wird ein infektiöser Hautausschlag gemeint sein, der vor allem Kinder befällt, früher auch Grindflechte, Eitergrind oder Borkenflechte genannt. Nicht nur in Nürnberg hatte die Familie Besitzungen, sondern auch im Umland, woraus in der Sage ein Garten vor der Stadt wurde.

Das Heilig-Geist-Stift war nicht die einzige Stiftung von Konrad Groß. Er war dermaßen stiftungsfreudig, dass er in Konflikt mit seiner Familie kam. Er starb zwar in Bamberg, wurde aber in der Kirche des Heilig-Geist-Spitals beigesetzt. Sein als Tischgrab ausgeführtes Grabmal ist heute noch im Kreuzigungshof des Spitals zu sehen. Bei dem Kloster in Gründlach handelt es sich um das Kloster Immelthron, ein ehemaliges Kloster der Zisterzienserinnen im heutigen Nürnberger Stadtteil Großgründlach, an dessen Gründung Konrad Groß ebenfalls beteiligt war, allerdings erst im Jahr 1342.

Eulenspiegel als Arzt

Einmal kam Eulenspiegel nach Nürnberg und schlug große Plakate an die Kirchtüren und an das Rathaus an. Darin gab er sich für einen guten Arzt aus, der alle Krankheit heilen könne. Es lagen aber zu jener Zeit eine große Zahl kranker Menschen im neuen Spital, in dem der hochwürdige heilige Speer Christi mit anderen merkwürdigen Stücken aufbewahrt ist. Dieser kranken Menschen wäre der Spitalmeister gerne ledig gewesen und hätte ihnen Gesundheit wohl gegönnt.
Also ging er hin zu Eulenspiegel, den er für einen Arzt hielt, und fragte ihn, ob das stimme, was auf seinen Plakaten stehe, die er hatte anschlagen lassen. Ob er den Kranken also helfen könne, wollte der Spitalmeister wissen. Es solle ihm wohl gelohnt werden. Eulenspiegel sprach, er wolle ihm seiner Kranken viele aufrecht gehend machen, wenn er ihm 200 Gulden dafür zusagen wolle. Und der Spitalmeister versprach ihm das Geld, sofern er den Kranken wirklich hülfe. Wenn er die Kranken nicht gehend machen könne, so wolle er nicht einen Pfennig haben. Das gefiel dem Spitalmeister und er gab ihm 20 Gulden voraus. Also ging Eulenspiegel in das Spital, und befragte die Kranken, einen jeglichen, was ihm gebreche. Zuletzt beschwor er sie, und sagte zu jedem leise: »Was ich Dir offenbaren werde, sollst Du heimlich bei Dir behalten und niemanden offenbaren.« Das sagten dann die Siechen dem Eulenspiegel mit großem Glauben zu. Darauf sagte er dann einem jeden besonders: »Euch Kranke zur Gesundheit verhelfen und auf die Füße bringen, das ist mir unmöglich. Stattdessen verbrenne ich einen von euch zu Pulver und gebe das den anderen als Medizin zu trinken, das wird dann helfen. Derje-

nige, der am schlimmsten krank unter euch allen ist und nicht gehen kann, den werde ich zu Pulver verbrennen, damit den anderen geholfen wird. Ich nehme den Spitalmeister, stelle mich mit ihm in die Tür des Spitals, und werde mit lauter Stimme rufen: »Welcher da nicht krank ist, der komme heraus, behende und sofort! Das verschlaf Du nicht!«

Buchcover einer der esten Ausgaben.

[Quelle: Public Domain, via Wikimedia Commons]

So sprach er zu jedem allein, und sagte: »Der Letzte muss die Übrigen bezahlen.« Solche Mitteilung nahm jeglicher in Sorge auf, und auf den entscheidenden Tag beeilten sie sich mit kranken und lahmen Beinen, da keiner gern der Letzte sein wollte. Als nun Eulenspiegel, wie er gesagt hatte, rief, begannen sie von der Stelle an zu laufen, auch solche, die in zehn Jahren nie vom Bette gekommen waren. Und da das Spital nun ganz leer war und die Kranken alle heraus waren, begehrte er seinen Lohn vom Spitalmeister. Da gab der ihm das Geld mit großem Dank.

Eulenspiegel ritt hinweg. Aber drei Tagen danach kamen die Kranken alle wieder und klagten über ihre Krankheit. Da fragte der Spitalmeister: »Wie geht das zu, ich habe euch doch den großen Meister zugebracht, der geholfen hat, dass ihr alle selber davon gegangen seid.« Da sagten sie dem Spitalmeister, womit er ihnen gedroht hatte: Wer als der Letzte zur Tür hinausgehe, wenn er rufe, den wolle er zu Pulver verbrennen.

Da merkte der Spitalmeister, dass ihn Eulenspiegel betrogen hatte. Aber der war weg und er konnte ihm nichts mehr abgewinnen. Also blieben die Kranken wieder in dem Spital wie zuvor, und das Geld war verloren.

Nach Lotter: Sagen, Legenden und Geschichten der Stadt Nürnberg

Im Mittelalter ging das antike Medizinwissen, vor allem das der Griechen, in Europa verloren und kam erst nach und nach ab dem 13. Jahrhundert über die Araber wieder zurück. Den Arzt als organisierten Berufsstand gab es lange nicht. Noch im 16. Jahrhundert mussten sie sich gegen andere Heilberufe wie Bader und Hebammen durchzusetzen versuchen. Laienheiler aller Art waren in jener Zeit dominierend. Vor diesem Hintergrund ist dieser Schwank um Eulenspiegel zu verstehen. Dass er sich tatsächlich abgespielt hat, kann nicht angenommen werden. Dass Quacksalber aber Unfug, vielleicht gar Unheil angerichtet haben, liegt durchaus im Bereich des Möglichen. Bei der Anmerkung über den »hochwürdigen Speer« handelt es sich um den Hinweis auf die Reichskleinodien – die Reichskrone, die heilige Lanze und das Reichsschwert der Kaiser und Könige des Heiligen Römischen Reiches –, die bis 1796 dort aufbewahrt wurden. Während der Bedrohung durch die Franzosen während der Koalitionskriege brachte man sie nach Wien, wo sie in der Schatzkammer der Hofburg aufbewahrt wurden.

10 11 12 1 2

Sagentour jenseits der Pegnitz

Unser zweiter sagenhafter Rundgang durch Nürnberg beginnt am Hauptmarkt. Haben Sie zuvor die erste Runde gemacht, müssen Sie von der Museumsbrücke aus nur die Plobenhofstraße hinaufgehen, um dorthin zu kommen. Auffälligstes Objekt auf dem Marktplatz ist der schöne Brunnen, um den sich zahlreiche Sagen ranken. So heißt es, dass der Storch aus diesem Brunnen die kleinen Kinder holt. Eine Legende erzählt, dass der Schöne Brunnen ursprünglich als Spitze auf der Frauenkirche stehen sollte, weil er aber so schön gefertigt worden war, stellte man ihn auf den Brunnen des Marktes, damit alle ihre Freude an ihm haben können. Die schönste Sage aber ist die von den Ringen.

Der Ring im Brunnengitter

Um das Wasser des Brunnens vor Verunreinigungen zu schützen, gab der Rat der Stadt den Auftrag zu einem schmiedeeisernen Gitter. Lange arbeitete der Schmied mit seinem Gesellen an diesem Gitter, denn es sollte ein schönes Gitter werden, das dem Brunnenkunstwerk gerecht würde. Der fleißige und geschickte Geselle, Kind armer Leute, schmiedete aber auch eifrig an der Beziehung zu der Meistertochter. Er frohlockte, als er gewahr wurde, dass seine Liebe erwidert wurde. Da aber bemerkte auch der Meister das Techtelmechtel zwischen den jungen Leuten, nahm verärgert den Gesellen beiseite und sagte zu ihm: »Daraus wird nichts! So wenig du es fertig bringst, dass die Ringe am Brunnengitter sich drehen, wirst du meine Tochter zur Frau bekommen.« Kurz danach musste der Meister verreisen und der Geselle machte sich daran, einen goldenen Ring am Gitter zu befestigen, der sich drehen ließ. Als er diesen dem Meister bei seiner Rückkehr präsentierte, war der zutiefst erstaunt. Der Ring ließ sich in alle Richtungen drehen, aber eine Stelle, an der das Eisen aufgeschnitten war, konnte er nicht erkennen.

Hat nun der Geselle die Meistertochter zur Frau bekommen? Man weiß es nicht genau. Die einen sagen ja, die anderen, er wäre davon gegangen und hätte die weinende Geliebte zurückgelassen. Seit jener Zeit erzählt man sich aber, wer es schafft, den goldenen Ring zu drehen, der hätte drei Wünsche frei.

Nach Stritzke: Es war einmal

Der Steinmetz aus Nürnberg erbaute den Brunnen in den Jahren von 1385 bis 1396. Die Quellen belegen nicht eindeutig, wer ihn schuf, denn es werden sowohl Heinrich Beheim als auch die Bruder Georg und Fritz Rupprecht damit in Verbindung gebracht. Das Original musste mehrfach restauriert werden und ist in vollständiger Form nicht mehr erhalten. Reste davon finden sich im Germanischen Nationalmuseum. Die vollständige Kopie aus Muschelkalk, die auf dem Hauptmarkt steht (das Original und eine Vorläuferkopie waren aus Sandstein), wurde 1903 angefertigt und aufgestellt.

Bevor Sie weitergehen, schauen Sie sich das »Männleinlaufen« an der Frauenkirche an, vorausgesetzt, es hat sie um die Mittagszeit hierher verschlagen, denn exakt um zwölf Uhr nach dem letzten Stundenschlag geht es los (über dem Haupteingang direkt unter der Uhr).

Das Männleinlaufen an der Frauenkirche

Beim Pestpogrom im Jahr 1349 wurde die Synagoge in Nürnberg zerstört. Kaiser Karl IV. gab den Auftrag, an deren Stelle eine neue Kirche bauen zu lassen. Im Jahr 1356, die Kirche war noch nicht fertiggestellt, hielt der Kaiser in Nürnberg einen Reichstag ab. Dabei wurde eine große neue Verfassung – die Goldene Bulle – für das Deutsche Reich verabschiedet. Bevor der Reichstag entlassen wurde, stiftete der Kaiser zur Erinnerung an dieses Werk eine große kunstvolle Uhr für die neue Kirche auf dem Marktplatz. Über dem Hauptportal sollten die Kurfürsten und der Kaiser in einem Umzug dargestellt werden. Schlossermeister Heuß und Kupferschmied Sebastian Lindenast der Ältere konstruierten und erschufen das Uhrwerk und die kupfernen Figuren dazu. Auf dem Thron sitzt Kaiser Karl in voller Pracht. Wenn es mittags 12 Uhr läutet, geht oben an der Uhr ein Tor auf. Zuerst erscheint ein Herold; dann folgten vier Posaunenbläser und anschließend kommen die sieben Kurfürsten mit den Reichskleinodien. Die Posaunenbläser setzen die Posaunen an den Mund, die Kurfürsten nehmen vor dem Kaiser ihre Hermelinmützen ab, schließlich kommt der Tod mit einer großen Sense und schlägt an der Glocke die Stunden an. Darauf verschwindet der ganze Zug wieder im Innern der Uhr. Bis heute stehen viele Bewunderer in der Nürnberger Altstadt jeden Mittag um 12 Uhr auf dem Marktplatz und sehen hinauf zum Kaiser Karl, der noch immer dort oben sitzt, und schauen zu, wie die Männlein laufen.

In diesem Bericht passt einiges nicht zusammen. Die Stiftung der Frauenkirche, der Reichstag und die Goldene Bulle – das alles ist korrekt. Die Astronomische Uhr aber ist erst ein Jahrhundert später, nämlich in den Jahren 1506–1509 fertiggestellt worden. Allerdings erinnert das Männleinlaufen an den Reichstag, den Kaiser Karl IV. einberufen hatte. Das Wahlverfahren des römisch-deutschen Königs wurde darin festgelegt sowie die Anzahl und Namen der Kurfürsten. Es sind heute allerdings nicht mehr die originalen kupfernen Figuren zu sehen. Als die Nürnberger Kassen klamm waren, wurden sie zum Metallwert verkauft (1823) und durch hölzerne ersetzt.

Gehen Sie vom Hauptmarkt am Schönen Brunnen vorbei in nördlicher Richtung weiter, so gelangen Sie zum Rathaus der Stadt. Gleich am Anfang, gegenüber auf der linken Seite noch vor der Sebalduskirche, ist das Bratwurtshäusle zu sehen und das erinnert daran, dass die Nürnberger gerne Bratwürste essen. Böse Zungen behaupten, dass es auf dem Christkindelsmarkt mehr Bratwurst, stände als Glühweinbuden gäbe. Ich habe das nicht nachgezählt, kann es also nicht bestätigen. Doch an den berühmtesten Nürnberger Bratwurstesser muss unbedingt erinnert werden.

Der Richter und die Bratwürste

Die Familie Stromer von Reichenbach gehörte zu den ältesten Patrizierfamilien der Reichsstadt Nürnberg. Sie waren fast durchgehend im Stadtrat vertreten und konnten sich der Kontakte zu Reichsfürsten, Königen und sogar Kaisern rühmen. Ulman I. Stromer (1329-1407) schrieb das Buch »Püchel von meim geslecht und von abentewer« und war nicht unwesentlich am Sturz König Wenzels beteiligt. Hans IV. Stromer (1517-1592), der auch Bratwurst-Stromer genannt wurde, musste 1559 wegen Geheimnisverrat und unflätiger Reden lebenslänglich ins Gefängnis. Dort im Schuldturm musste er allerdings nicht auf seine Lieblingsspeise – die Bratwürste – verzichten. Jeden Tag bekam er zwei Stück davon. Im Laufe seines Lebens soll er mehr als 27.000 Bratwürste verspeist haben. Weshalb er dann im 38. Jahr seiner Haft durch einen Sprung vom Turm seinem Leben ein Ende setzte, ist nicht bekannt.

Nach Stritzke: Es war einmal und
Wikipedia

Die Familie Stromer von Reichenbach existiert bis heute, stellte noch im 19. Jahrhundert Bürgermeister der Stadt Nürnberg und im 20. Jahrhundert Wissenschaftler (u.a. Wolfgang Stromer von Reichenbach, der ordentlicher Professor für Wirtschaftsgeschichte an der Freien Universität Berlin war).

Wenden Sie sich aber nun dem Rathaus zu.

Der Tanz auf dem Rathaus

Anno Domini 1419

Es flammen die Lichter im Rathaussaal;
Es klingen Trommeten und Geigen;
Die Paare, im wirbelnden Reigen,
Erglüh'n von der Freude rosigem Strahl.

Inmitten des Jubels – mit schrillem Klang
Verstummen Trommeten und Geigen;
Es löst sich der wirbelnde Reigen:
Als zöge der Tod die Reihen entlang.

Die Lichter verlöschen – der Tanz ist aus
Wie ist das gekommen so schnelle?
Was deutet am Himmel die Helle,
Von fernher das wilde Sturmgebraus?

Die Burg ward erstiegen von Feindesmacht –
Den Flammen ist nun sie zu eigen,
Die tanzen den glühenden Reigen.
Der Leininger gab uns die gute Nacht.

Gottschalck von Regensburg: Bayerns Helden- und Balladenbuch …

Wer »Gottschalk von Regensburg« war, konnte ich nicht ermitteln. Er hat vor hundertfünfzig Jahren mehrere Bände mit Gedichten und Balladen zu Sagen aus Bayern herausgege-

ben. Gleich der erste Band enthält die Sagen zu Nürnberg. Dem in diesem Gedicht angedeuteten Ereignis widmet sich eine Sage, die an anderer Stelle in diesem Buch aufgeführt wird.

Nun aber zu einem Patrizier, der lange Jahre im Rathaus gewirkt hat, zuletzt aber doch am Galgen geendet ist.

Nikolaus Muffel

Wenn auch schon dem sechzigsten Lebensjahr nahe, so war Herr Nikolaus Muffel doch noch ein stattlicher Mann, der in der vollen Kraft seines Lebens stand und sich seiner Würde und Bedeutung als erste Magistratsperson einer der mächtigsten Städte des Reiches wohl bewusst war. Einem der damals blühendsten Patriziergeschlechter angehörend, schon mit 23 Jahren in den Rat gewählt, bekleidete er die höchsten Ehrenämter der Stadt, wohnte als Abgesandter und oberster Hauptmann Nürnbergs der Krönung Kaiser Friedrichs III. zu Rom bei und stieg endlich 1459 zur Stelle des ältesten Losungers und somit zum dirigierenden Oberhaupt des Stadtrats auf.
Doch wo viel Licht ist, da ist auch viel Schatten. Nikolaus Muffel hatte allerlei Schwächen, die schließlich zu seinem Sturz beitrugen. Er war ein Lebemann, der gerne Feste gab, um zu repräsentieren. Das kostete viel Geld. Außerdem hatte er noch eine zahlreiche Familie zu versorgen. Das zerrüttete seine Finanzen, obschon er in Gütern und Liegenschaften ein hübsches Vermögen besaß. Außerdem frönte er einer sonderbaren Liebhaberei, die zu befriedigen er weder Kosten noch Mühe scheute. Als höchst bigotter Mann sammelte er nämlich Reliquien. Im Jahre 1468 hatte er laut eigenen Aufzeichnungen bereits 308 Stücke des »würdigen Heiligtums« zusammengekauft und bekannte, dass er Hoffnung habe, bald für jeden Tag im Jahre das Gebein eines besonderen Heiligen zu besitzen. Um diese Sammelwut befriedigen zu können, machte er Anleihen bei Wucherern. Auch vergriff er sich an der Stadtkasse. Als eine Schwäche ernster Art, die bei einem Staatsmann leicht zum Unglück des von ihm regierten Staates ausfallen kann, muss endlich seine allzu große Gutmütigkeit, die nicht leicht

jemand etwas abschlagen konnte, und seine Vertrauensseligkeit in die Absichten anderer bezeichnet werden.

Das Verhältnis der Stadt zu den Markgrafen war zu keiner Zeit so gut, dass der Rat ihnen hätte trauen dürfen. Sie waren unersättlich und unberechenbar in ihren Ansprüchen und Forderungen an die Stadt, weshalb die größte Wachsamkeit so begehrlichen Nachbarn gegenüber Pflicht gewesen wäre. Die Vergnügungssucht und die allzu große Vertrauensseligkeit Muffels ermöglichten es aber dem Markgrafen, oder vielmehr einem von dessen Beamten, die Interessen der Stadt zu schädigen. Alte Chroniken nennen Muffel einen frommen, aber einfältigen Mann, der keinen Argwohn hegte. Insbesondere mit einem Amtmann hatte er sich angefreundet und dieser wusste ihn durch reiche Geschenke und Einladungen zu Festen und Jagden ganz vertrauensselig zu machen. Einmal bat er den Losunger, die Kaufbriefe für die Burg, deren Veräußerung an die Stadt den Markgrafen inzwischen reute, zur Einsicht mitzubringen. Der gute Muffel hatte keinen Argwohn, steckte die zwei Kaufbriefe zu sich und fuhr mit den Seinen auf die Kirchweih nach Bayersdorf, wo der Amtmann residierte. Der Amtmann fand nicht sogleich Zeit, die Briefe sofort einzusehen, beschäftigte stattdessen seine Gäste mit reichlichem Essen und Trinken und ließ die Urkunden durch einen Eilboten sogleich zum Markgrafen bringen. Dieser sandte ihm sogleich den Befehl, er möge dem Losunger tüchtig zutrinken und ihn zu längerem Bleiben überreden, während die Briefe in der markgräflichen Kanzlei abgeschrieben würden. Am andern Tage aber wolle er ihm die Kaufbriefe zurückschicken.

Der Markgraf jedoch behielt die Originale in eigenen Händen und sandte Abschriften zurück, die in wesentlichen Teilen zu seinen Gunsten bearbeitet waren. Mit diesen falschen Briefen fuhr Herr Nikolaus Muffel, ohne sie sich vorher anzusehen, nach Hause. Wer aber ermisst seinen Schrecken, als er sie wieder in die Losungstube zurückbringen wollte, und bei näherer Durchsicht gewahr wurde, dass er falsche Briefe mit falschem Siegel zurückbekommen hatte. Wohl tröstete er sich mit der Hoffnung, dass nach den Briefen in seinem Leben nicht mehr gefragt werden und die Sache daher nicht zu Tage kommen würde, als aber nur zu bald sich allerlei Anzeigen ergaben, wie der Markgraf darauf sinne, neue Händel mit der Stadt anzufangen, hatte Muffel keine ruhige Stunde mehr.

Schließlich richtete der Markgraf einen Brief an den Rat der Stadt, in dem er ganz unumwunden die käuflichen Erwerbungen der Stadt, über welche jene Briefe ausgefertigt wurden, als nicht zu Recht bestehend bezeichnet waren. Er forderte deren Rückgabe. Der Rat von Nürnberg pochte noch in seinem Antwortschreiben an den Markgrafen auf den Besitz der vollkommen rechtskräftigen Briefe, während die erste Magistratsperson der Stadt allein wusste, dass sich diese Briefe längst in den Händen des Erbfeindes der Stadt befanden. Als endlich der Markgraf den letzten Trumpf ausspielte, indem er erklärte, dass er auf der Ausführung der – allerdings von ihm gefälschten –, Punktationen der Kaufbriefe bestehe, war an ein längeres Verheimlichen des Geschehenen nicht zu denken. Muffels kostspielige Sammelleidenschaft hatte ihn außerdem an den Rand des Bankrotts gebracht. Gläubiger bedrängten ihn und er musste befürchten, bei Bekanntwerden dieses Umstands sein Amt zu verlieren.

Bisher wusste niemand außer Nikolaus Muffel von dem Abhandenkommen der echten Briefe. Da diese jetzt dringend benötigt wurden, um auf Grund derselben den Markgrafen gründlich abzufertigen, wurde eine Ratsversammlung für den 15. Februar 1469 einberufen, in der vom ersten Losunger verlangt wurde, dass er diese Dokumente vorweise. Als Muffel endlich ins Beratungszimmer trat, fand er den Rat vollständig beisammen und die Sitzung bereits durch den andern Losunger, Herrn Anton Tucher eröffnet. Das war ein neuer Schlag für ihn. Doch zeigte er sich fest und ließ sich sein Missbehagen darüber nicht anmerken.

Anton Tucher entschuldigte sich bei ihm, dass er den Vorsitz an seiner statt übernommen habe. »Wir haben Euch«, sagte er, »nicht mehr erwartet, nachdem das Ratsglöcklein verklungen war und auch der Bote, den man zu Euch nach Hause geschickt hatte, ohne Botschaft zurückgekehrt war.«

»Ich hatte einige Vorbereitungen für die heutige Sitzung zu treffen«, erwiderte Nikolaus Muffel, »und dabei das Glöcklein überhört. Nun findet ihr mich bereit, in der Angelegenheit, um die es sich heute handelt, das Nötige zu erklären.«

Der Schöffe Nikolaus Groß wandte sich mit harter Stimme an Muffel: »Es kann uns nur erwünscht sein, endlich einen befriedigenden Aufschluss über die Angelegenheit mit dem Markgrafen zu erhalten, der um jeden Preis mit uns wieder anzubinden versucht. Behauptet er doch, wir hätten ihn übervorteilt und unsere Briefe, die er sattsam

Niklas III. Muffel.

[Quelle: Johann Alexander Boener, Public Domain, via Wikimedia Commons]

kennen würde, und die er mit seinem Namen und Siegel beglaubigt habe, enthielten nichts von den Rechten, die wir uns ihm gegenüber anmaßen.«

»Was ist denn mit diesen Briefen, die wir bisher niemals zu Gesicht bekommen konnten«, fuhr ein anderes Ratsmitglied heftig auf, »weil Herr Muffel sie ängstlich wie ein Argus hütet und hinter Schloss und Riegel verborgen hält? Gebt sie endlich einmal heraus, damit wir ihren Inhalt selbst prüfen können!«

»Spart euch den Zorn«, entgegnete Muffel, »ich bin gekommen und bereit, wie schon gesagt, diesen heillosen Knäuel zu entwirren, in dem mich mein allzu großes Vertrauen in die Menschen verwickelt hat. Länger mag ich den Alp nicht auf meiner Brust tragen, der mich seit Wochen peinigt.«

Die Worte Muffels, die er, wenn auch mit erhobener, doch zitternder Stimme sprach, riefen eine peinliche Stille in der Versammlung hervor, denn sie verkündeten das Bewusstsein einer großen Schuld und ließen ein Geständnis ahnen, das bereits auf den Lippen Nikolaus Muffels schwebte. Die Stille in der Versammlung wurde jedoch plötzlich durch ein seltsames Klirren unterbrochen. Es klang, als ob Geldstücke zu Boden gefallen wären, und tatsächlich lagen mehrere Goldtaler auf dem Boden des Saales und Muffel hielt seinen linken Ärmel fest, damit ihm nicht noch mehr herausfielen.

»Ei Herr Losunger«, unterbrach Groß die unheimliche Stille, »ihr habt einen seltsamen Verwahr für eure Barschaft.« Doch als er sich bückte, um eines der nahe ihm herangerollten Goldstücke aufzunehmen, zeigte sich Erschrecken in seinem Gesicht. »Geht«, raunte er Muffel zu, »ich will euer Verderben nicht. Ihr wisst am besten, wer

Euch diese spanischen Dublonen erst gestern als Losunggeld brachte.« Doch ehe sich Muffel zur Tür wenden konnte, kreuzten die Söldner auf einen Wink Tuchers ihre Spieße. »Es muss Euch selbst genehm sein, Herr Muffel«, rief Tucher, »dass Euch Gelegenheit gegeben wird zur Aufklärung dieses Vorfalls. Bei einem gestern vorgenommenen Sturz der Losungskasse fehlte, wie ich mich selbst überzeugte, ein Sack mit tausend Goldgulden. Geht in Euer Gemach und harrt dort in anständiger Haft, bis wir die traurigen Händel untersucht haben, in die ihr Euch verwickelt habt.«

Noch am gleichen Tag wurde eine genaue Prüfung der Kaufbriefe ins Werk gesetzt und deren Fälschung festgestellt. Ein Kassensturz in der Losungskasse ergab das schon genannte Defizit. Auf Grund dieser Tatsachen musste Muffel noch am selben Tag ins Lochgefängnis. Da Muffel nur teilweise geständig war, unterzog man ihn der Folter, bis er ein vollständiges Geständnis ablegte. Später widerrief er zwar die Angaben mit der Begründung, sie seien durch unerträgliche Martern erzwungen worden, doch wurde er trotzdem für schuldig befunden und am 28. Februar 1469, dreizehn Tage nach seiner Verhaftung, durch den Henker durch den Strang zu Tode gebracht. Er hatte viele Fürbitter gehabt und auch in der Bürgerschaft war man über das Urteil verstimmt. Möglicherweise deshalb wurde es so schnell vollstreckt.

Nach Lotter: Sagen, Legenden und Geschichten ... und
Priem: Nürnberger Sagen und Geschichten ...

Mit ›Losung‹ wurde in Nürnberg die Bürgersteuer bezeichnet und der erste oder vorderste Losunger hatte damit das höchste öffentliche Amt in der Reichsstadt. Er war sozusagen der Finanzminister der Stadt. Im 17. Jahrhundert legte man das Amt des Reichsschultheißen mit dem des Losungers zusammen. Nikolaus Muffel hatte bereits mehrere Darlehen aufgenommen, bevor er in die Stadtkasse griff. Konflikte mit anderen Ratsmitgliedern hatte es bereits früher gegeben. Der Prozess gegen ihn war spektakulär und erregte viel Aufsehen. Der Sänger und Dichter Heinz Uebertwerch verfasste noch während des Prozesses ein Lied, in dem er Mitglieder des Rates einer Verschwörung gegen Muffel anklagt.

Nu hort ein sach die ist noch neu
Und gar in kurz geschehen,
dabei man kennet falsche treu;
Die Wahrheit will ich jehen
Von dem im rat zu Nuremberg sint,
wie es sich hat verlosen;
Mit posheit sein sie gar geschwind,
das clagen ser des Muffels kind,
die hat die Falschheit trofen.

Vom Rathaus nach links wenden und um die St. Sebald-Kirche herum zum Eingang gehen.

Woher die Nürnberger den Namen Herrgottschwärzer bekommen haben

Zwischen den beiden Türmen an dem Mittelfenster der Löffelholzischen Kapelle in der Sankt Sebalduskirche zu Nürnberg, oder dem sogenannten Engelschörlein, hängt ein Kruzifix aus Messing, welches vor Jahren durch die Brüder Johann und Georg Stark errichtet und 1625 wieder erneuert wurde.

Dieses Kruzifix ist eines der ältesten noch vorhandenen Werke der Nürnbergischen Kunstgießer, der Meister leider unbekannt. Die Nürnberger Bürger erzählen sich die Sage, dass dort dieses Kruzifix einst von Silber in der nämlichen Größe gehangen habe, oder auch noch von Silber sei, daher sie es auch den silbernen Herrgott nannten. Als es im Jahre 1625 renoviert wurde, was auch im Juli des Jahres nochmals 1689 geschah, soll der Rat es schwarz anzustreichen befohlen haben, damit die durchziehenden Soldaten nicht die Lust anwandeln möge, es herabzunehmen. Von dieser Zeit soll sich der Name Herrgottschwärzer, mit welchem Auswärtige, z.B. Altdorfer, Fürther, Laufer, gern die Nürnberger zu necken pflegen, herschreiben.

Nach Schöppner: Sagenbuch der Bayerischen Lande …

Wie auch immer es sich mit diesem Kruzifix verhält, bleiben Sie nicht lange stehen, sondern gehen Sie hinein. Die St. Sebaldkirche, auch Sebalduskirche genannt, hat eine reiche Ausstattung, die sich anzusehen lohnt. Sehenswert sind die Werke des Bildschnitzers Veit Stoß, das Tucher-Epitaph des Hans Süß von Kulmbach, vor allem aber das Sebaldus-Grabmal von Peter Vischer dem Älteren.

Sankt Sebaldus' Wunder und Grab

Es ist eine alte Sage, dass der heilige Sebaldus zum Ende des achten oder zum Beginn des neunten Jahrhunderts nach Nürnberg kam. Dieser Heilige war der Sohn eines Königs von Dänemark. Er hatte in Paris studiert und eine Grafentochter in Frankreich geheiratet. Er war aber auch fromm und gottesfürchtig, und seine Braut erhielt in ihm nicht einen Gemahl, sondern einen vollkommenen Behüter und Beschirmer ihrer Jungfräulichkeit. Nachdem er ihr also Unterricht in der Keuschheit erteilt hatte, verließ er sie und seines Vaters Palast heimlich und wurde ein Einsiedler, wälzte sich auf Dornen und Disteln und kreuzigte sein aufrührerisches Fleisch, dass sein Leib davon ganz armselig und mager wurde. Darauf pilgerte er samt seinem Schüler Dionysius barfuß gen Rom. Er traf auf seinem Weg die heiligen Männer Willibald und Wunibald, nahm sie in seine Gesellschaft auf und gab ihnen Speise, die er aus der Hand von Engeln empfing. Er besaß auch einen Krug, der immer wieder voll Weines wurde, wenn die Gesellschaft ihn ausgetrunken hatte. Wann immer ein Glas zerbrach, so machte St. Sebald es wieder ganz.

Sebald lehrte und predigte auf seinem Wege allem Volke die sanfte Lehre unseres Herrn und Heilandes. Einstmals tauchte ein Ketzer auf, der dem Volk zuschrie, Sebalds Lehre sei falsch. Da tat sich auf der Stelle das Erdreich auf und verschlang den Ketzer, aber nur bis an den Hals. Da nun der arme Ketzer so im Erdloch stak und nicht einmal zappeln konnte, so wünschte er, wieder herauszukommen. Sebald bekehrte ihn und hob ihn wieder heraus. Über die Donau schwamm St. Sebald auf dem groben Mantel, den er über seinem härenen Hemd trug. Er breitete es auf dem Wasser aus und fuhr, weil kein Nachen vorhanden war, stehenden Fußes darauf hinüber. Als der Heilige in

den Norgau kam, traf er ein jammerndes Bäuerlein, das seine Ochsen verloren hatte. Es war bereits die Nacht hereingebrochen, und das Bäuerlein wusste nicht, wo es die Ochsen suchen sollte. St. Sebald erreichte durch sein Gebet, dass des Bauern Finger leuchteten und großen Schein warfen, wie ein Kronleuchter, und da fand und fing er seine Ochsen wieder ein.

Nun kam der heilige Mann nach Nürnberg und nahm seine Herberge bei einem Wagner. Dieser Wagner aber hatte nicht einmal Holz zum Einheizen, geschweige denn zum Wagenbauen. Da nahm der heilige Sebald Eiszapfen und zündete sie an. Die brannten, dass es knitterte und knatterte und wärmte. Der Wagner und sein Weib lobten Gott für so billiges Brennmaterial. Eines Tages wünschte Sebaldus Fische zu speisen. Es war aber durch die Herrschaft, die auf der Burg wohnte, bei Verlust des Augenlichts allen verboten, vor ihr Fische zu kaufen. Da nun Sebaldus' Wirt solches dennoch tat, so ward er ergriffen und geblendet. Dieses tat dem Heiligen leid. Er betete zu Gott und gab dem Wirt dadurch sein Augenlicht wieder.

Bei diesem guten Manne und dessen Weibe blieb auch Sebaldus bis zu seinem seligen Ende. Vor seinem Sterben ordnete er noch an, dass zwei Ochsen seinen auf einen Wagen gelegten Leichnam ohne Lenker dahinziehen würden, wo er bestattet sein wolle. Die Ochsen zogen den Wagen bis zu Sankt Peters Kapelle und keinen Schritt weiter, trotz gutem Zureden und Stockhieben. Da ruhte nun Sankt Sebaldus. Über seinen Sarg wurde ihm ein hölzernes Kapellchen erbaut, welches aber später der Blitz entzündete und einäscherte. Da setzten sie den heiligen Leichnam in das Schottenkloster St. Ägidien. Darin war ein vorwitziger, junger Mönch, der zupfte den heiligen Leichnam am Bart und sprach spottend: »Ei du alter Lügenvater! Wie viele Menschen hast du deine Lebtage betrogen?« – Solches Schmähwort verdross den heiligen Leichnam sehr. Er erhob sich und verehrte dem Mönch eine so schreckliche Ohrfeige, dass jenem davon alsbald ein Auge aus dem Kopfe sprang. Der Mönch schrie Zeter, alle Mönche liefen herbei und riefen St. Sebald um Vergebung an und um Wiederherstellung des Geschlagenen. Das bewegte den heiligen Leichnam, dem Mönch das geschlagene Auge wieder einzusetzen, die Schelle konnte er ihm aber nicht wieder abnehmen.

Nach diesem Vorgang gefiel es Sebaldus nicht mehr in St. Ägidien. Es war ihm deshalb lieb, dass er in sein eigenes Münster und dort in einen silbernen Sarg kam. Allda ruhend, war es Sebaldus Segen, der Nürnberg groß, reich und blühend machte. Fortwährend tat er als Patron der Stadt hohe Wunder. Blinde machte er sehend, Pilger errettete er vor Straßenräubern, Kranke machte er gesund, Tote lebendig. Einst sandte eine fromme Bäuerin, die in Nürnbergs Nähe lebte, St. Sebald einen großen Käse zum Opfer. Der Nachbar aber, dem sie den Käse mitgab, dachte, der liebe Gottesheilige isst doch keinen Käse, sondern im Paradies das himmlische Manna. Es reicht also auch ein kleiner, den großen willst du für dich behalten. Da machte St. Sebald den kleinen Käse zu Stein, und auf dem Heimwege des Bauern auch den großen.

Da nun zu Nürnberg der unübertreffliche Rotgießermeister Peter Vischer lebte, so bekam derselbe den Auftrag mit seinen fünf verheirateten Söhnen Peter, Hermann, Hans, Paul und Jakob, die alle bei ihm im Hause wohnten und in seiner Gießhütte arbeiteten, St. Sebald ein neues schönes Grabmal zu fertigen, auf dem der Silbersarg mit den heiligen Gebeinen ruhen sollte, und fertigte dieses so herrlich und kunstvollendet schön an, mit frommem Sinn und hohem Geist, dass es als Nürnbergs größte Zier gilt. Und von den vielen Tausenden, die von Jahr zu Jahr dieses herrliche Kenotaph anstaunen, denkt kaum einer noch an den Heiligen, der darinnen ruhet, und an dessen Wunder, sondern nur an die Wunderwerke deutscher Kunst, die Nürnbergs unsterbliche Söhne – Peter Vischer, Albrecht Dürer, Adam Kraft –, bewirkt und vollbracht haben durch den schaffenden wunderwirkenden Gottesgeist in der Menschenseele.

Nach Bechstein: Deutsches Sagenbuch

Sebaldus von Nürnberg soll im 8. Jahrhundert als Einsiedler bei Nürnberg gelebt haben. Die Legenden um seine Herkunft – dänischer Königssohn – und sein Leben – Verlobung oder Heirat mit einer französischen Prinzessin – sind nicht zu belegen. Auch dass ein lediges Ochsengespann den Ort seiner Beisetzung gefunden haben soll, ist nur eine fromme Legende, die erst viel später aufkam. Bereits um die erste Jahrtausendwende wird er in Nürnberg als Heiliger verehrt. Über seinem Grab wurde im 13. Jahrhundert die Sebalduskirche gebaut. Der Bildhauer und Rotschmied Peter Vischer schuf im 16. Jahrhundert den bronzenen

Prunkschrein, der als eines der bedeutendsten Bronzebildwerke dieser Zeit gilt. Warum in der Legende dieser Schrein als ›Kenotaph‹ – als Scheingrab – beschrieben wird, ist allerdings rätselhaft.

Nur wenige Schritte von der Sebalduskirche entfernt, ist der Weinmarkt zu finden.

Der heimliche Goldmacher

Am alten Weinmarkt soll einst ein hohes Haus, das Starckenhaus, gestanden haben. Im obersten Stockwerk soll eine heimliche Goldmacherwerkstatt eingerichtet gewesen sein. Dabei hatte der Rat der Stadt es streng verboten, Gold zu machen, und mancher, der es trotzdem versuchte, wurde auch deswegen bestraft.
Einst soll aber der Rat selber einen Nürnberger Bürger, Hans Starck, beauftragt haben, nachzuprüfen, was an der Goldmacherkunst dran wäre. Man baute ihm in sein hohes Haus einen besonderen Herd und ein kleines Laboratorium hinein. Damit keiner etwas merken sollt, gab man an, dass er für den Rat allerlei Feuerwerk für Kriegszwecke entwickeln sollte, und das ganz im Geheimen. Hans Starck hat lange geforscht und probiert, wie man Gold macht; aber letztendlich kam nichts dabei heraus.

Nach Stritzke: Es war einmal

Keineswegs war ›Goldmachen‹ das einzige Ziel der Alchemisten. Herstellen von Schießpulvern, pharmazeutischen Mitteln und anderen frühen chemischen Prozessen gehörte dazu. Deshalb ist es nicht verwunderlich, dass die inoffiziellen Versuche der Goldmacherei in Nürnberg mit der Feuerwerksentwicklung in der Sage getarnt wurde. Anders als in Dresden, wo bei derartigen halboffiziellen Versuchen das ›weiße Gold‹ – das Porzellan – erfunden wurde, hatten die Nürnberger nichts weiter davon als unnütze Ausgaben.

Folgen Sie nun dem Weinmarkt bis dorthin, wo sich die Straße gabelt, nehmen Sie die rechte Gabelung, die in die Irrerstraße führt und biegen Sie links in den Geiersberg ab. Sie kommen dabei auch am Geiersbrunnen vorbei, der Ihnen zumindest einen Blick wert seinen sollte. Dieser wurde 1906 von Georg Leistner entworfen und aufgestellt. Nur wenig weiter finden Sie das Neutor. Unweit davon führt ein Fußgängertor, das sogenannte Hallertürlein durch die Nürnberger Stadtmauer zur Hallerwiese.

Die Schwedenwacht

Zwischen dem Spittelertor und dem Hallertürlein in Nürnberg hat man früher oft um Mitternacht einen schwarzen Hund gesehen. Hinter diesem ging ein Soldat, der einen Kanonenlauf auf der Schulter trug. Die Wachtposten kannten und fürchteten ihn, weil er allezeit Lärm schlug, wenn er eine Wache schlafend fand. Da ist es dann geschehen, dass der Geist das Schilderhaus mit Kot beworfen oder es gar umgeworfen hat. Einmal soll er sogar das Schilderhaus mitsamt dem schlafenden Soldaten tief unten in den Stadtgraben hingestellt haben. Dieser Geist ist ehemals ein schwedischer Kanonier gewesen, der auf seinem Posten bei der Kanone geschlafen und damit großes Unglück über seine Landsleute gebracht haben soll.

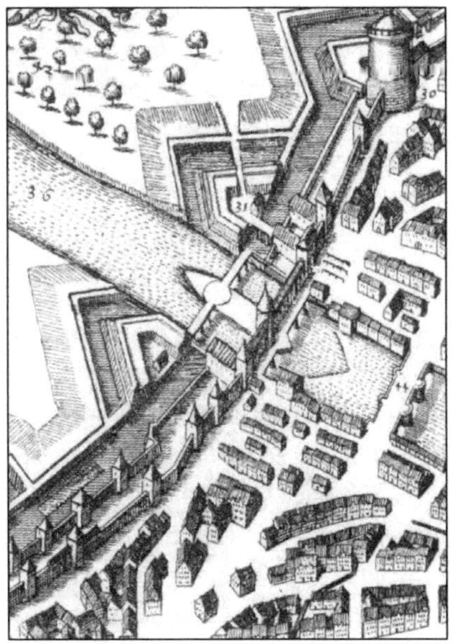

Das Hallertürlein auf einem Kupferstich aus dem Jahre 1632.

[Quelle: Public Domain, via Wikimedia Commons]

Nach Alexander Schöppner: Sagenbuch der Bayerischen Lande …

Das Hallertürlein ist ein kleines Fußgängertor in der Stadtmauer, das um 1400 errichtet wurde. 1519 wurde es umgebaut und erhielt dabei sein heutiges Aussehen. Albrecht Dürer malte davon das Bild »Trockensteg beim Hallertürlein«. Dies ist nicht die einzige Geistersage, die das Motiv »Pflichtvergessenheit im Dienst« aufgreift, aber eine originelle. Sie müssen jedoch nichts befürchten, wenn sie nicht gerade um Mitternacht ihren sagenhaften Spaziergang durch die Nürnberger Altstadt machen.

Sie können nun der Neutormauer weiter folgen, am Neutorturm vorbei, bis sie am Ende vor dem Albrecht-Dürer-Haus stehen, das einen Besuch immer lohnt. Schöner ist aber der Weg außen herum. Sie gehen gleich am Turm am Ende der Neutormauer in den Park vor der Mauer, oder spätestens am Neutor hinter den Neutorturm, und kehren am Tiergärtnertor wieder in die Altstadt zurück.

Albrecht Dürer und Michelangelo

Albrecht Dürer gilt als der größte Sohn Nürnbergs. Er wurde geboren am 20. Mai 1471. Sein Vater, Albrecht Dürer senior, stammte aus dem Ungarland. Er hatte sich in Nürnberg als Goldschmied niedergelassen. Albrecht Dürer junior erlernte nach seines Vaters Willen zunächst das Goldschmiedehandwerk, das er fünf Jahre lang ausübte. Er fühlte sich jedoch nicht glücklich dabei, sondern trachtete, ein Maler zu werden, was der Vater endlich nach langem Widerstreben zuließ.

Er wollte ihn zu dem Maler Martin Schön, einem berühmten Künstler in Kulmbach, in die Lehre bringen. Da aber dieser vorher starb, so hat er ihn darauf in Nürnberg zu Michael Wolgemut gegeben, bei dem er drei Jahre gelernt, aber von den Gesellen wegen seiner Armut hat viel leiden müssen.

Als er ausgelernt hatte, ist er im Jahre 1490 in die Fremde gegangen. Nach vier Jahren ist er wieder zurückgekommen, hat Agnes, Hansen Freys Tochter, geheiratet, 200 Gulden Mitgift bekommen. Er ist wegen seiner vortrefflichen Kunst Anno 1509 zu einem Genannten des größeren Rats gewählt worden. In welcher Gnade er bei Kaiser Maximilian I. gestanden hat, ist bekannt. Er wohnte in der Ziffelgasse unter der Veste. Seine Gattin soll ein geiziges, zanksüchtiges Weib gewesen sein, das ihm meistens das Herz abgefressen habe. Bei seinem Tode war er ein wohlhabender Mann, da er an die 6000 Gulden hinterließ.

In seiner Jugend hat er nicht nur Deutschland durchwandert, sondern auch einen Teil Italiens. Als er nach Rom kam, hat er sich beim berühmten Maler Michelangelo angemeldet und für einen Farbenreiber ausgegeben und ist als solcher in dessen Dienst gekommen.

Das Dürerhaus unterhalb der Kaiserburg.

[Quelle: H.D. Radke]

Michelangelo hat damals gerade an einer Tafel einen Englischen Gruß gemalt. Da hat denn einmal in seiner Abwesenheit Albrecht Dürer dem Engel eine Fliege auf die Stirne gezeichnet und sich davon gemacht. Als gedachter Michelangelo zurückgekommen, hat er die Fliege mit der Hand wegjagen wollen, so täuschend war sie von Dürer ausgeführt. Als sie aber sitzen blieb, hat er solche genau betrachtet und ausgerufen: »Die kann nur der Teufel oder Albrecht Dürer gemacht haben!« Dürer genoss also schon dazumal einen großen Ruhm bei den großen Künstlern Italiens. Michelangelo wusste nun, wer sein Farbenreiber gewesen war. Er forschte fleißig nach ihm, hat ihn aber nicht mehr zu Gesicht bekommen können, dieweil Dürer schnell abgereist war.

Die italienischen Maler zu Bologna gaben ihm den Preis von allen in der ganzen Welt. Sie haben sich sehr glücklich geschätzt, dass sie ihn kennenlernen durften. Dieser deutsche Apelles, wie ihn etliche nannten, war einstmals allhier in Bologna bei den anderen Malern in Gesellschaft. Es wurde in weinseliger Laune verabredet, dass jeder ein

Probestück seiner Kunst erweisen und vorstellen sollte. Albrecht Dürer nahm ein Stück Kreide, zog damit auf dem Tisch einen Kreis und sagte zu den andern: »Nun nehmt einen Zirkel und messet nach!« Als dieses geschehen war, hat sich herausgestellt, dass der Kreis just auf ein Haar richtig war, als wenn er mit dem Zirkel gezogen wäre. Da haben sie ihn denn einstimmig als den kunstfertigsten unter ihnen ohne Neid anerkannt.

Nach Lotter: Sagen, Legenden und Geschichten …

Bei jenem Martin Schoen (auch Schoenhauer) aus Kulmbach handelt es sich um einen Maler, der vermutlich erst nach 1524 gestorben ist. Da war Dürer schon 49 Jahre alt. Die Angabe in der Sage kann also nicht stimmen. Schüler von Michael Wolgemut (1434–1519) ist er allerdings schon gewesen und war danach noch als Freund mit ihm verbunden. 1516 porträtierte der ehemalige Schüler seinen ehemaligen Meister. Das Bild ist heute im Germanischen Nationalmuseum zu bewundern. Dass Dürer mit Agnes Frey ein zänkisches und böses Weib geheiratet haben sollte, ist eine Behauptung, die sich hartnäckig hält. Auch, dass er vor ihr in die Niederlande geflohen sein soll. Tatsache ist aber, dass sie der wirtschaftliche Faktor in der Ehe und des Geschäftes war. Sie vermarktete die Drucke, besuchte dafür regelmäßig Messen und auch Wochenmärkte, wo sie neben Obst und Gemüse auch die Drucke ihres Mannes verkaufte. Bei der Reise in die Niederlande (1520/21) begleitete sie ihren Mann. Auch zeichnete sie Dürer Zeit seines Lebens mehrfach. Dass die Ehe kinderlos blieb, mag vielleicht Anlass für diese unschöne Behauptung gewesen sein. Ob Dürer je Michelangelo persönlich begegnet ist, muss ebenso angezweifelt werden. Zwar unternahm er eine Reise nach Venedig (1505–1507), doch ob er je bis Rom gekommen ist, kann nicht nachgewiesen werden. Beeindruckt war er in Italien vor allem von Giovanni Bellini (1437–1516). Die Fabel mit der Fliege kursiert in mehreren Varianten, die mal in Italien, mal in Nürnberg spielen. Auch die Kreisgeschichte wird noch an anderen Stellen und mit anderen Protagonisten erzählt. Dürer wird in der Sage als ein »Genannter« bezeichnet. Dies waren in der Regel einflussreiche Vertreter der Zünfte oder Gewerbetreibende, die von den Ratsherren in den »Rat der Genannten« berufen wurden. Sie galten als nicht ratsfähig, wurden aber bei wichtigen Angelegenheiten durchaus gehört.

Das Dürer-Haus steht unterhalb der Kaiserburg, weshalb diese als nächstes Ziel Ihres Rundgangs gilt, egal, ob Sie nur hinaufschauen oder aber sich zu einem Besuch entschließen.

Die Kunigundenlinde im Burghof

Kaiser Henricus ging eines Tages der Jagd in den Nürnbergischen Wäldern nach. Sehnsüchtig harrte seine treue Gemahlin Kunigundis auf die Heimkehr ihres Gatten. Als es aber schon Abend wurde und der Kaiser noch immer nicht kommen wollte, da wurde die edle Frau bekümmert in ihrem Herzen und schaute ein um das andere Mal sehnsuchtsvoll von dem Söller der Burg in die Weite. Endlich erklangen das Gebell der Hunde und der Hufschlag der Rosse und kündeten so die Ankunft des teuren Gemahls. Voll Freude ging ihm die Kaiserin entgegen und fragte ihn, warum er dieses Mal so viel später als sonst von der Jagd zurückkehre? Darauf entgegnete ihr Heinrich, wie er vor allem Gott danken müsse für eine wunderbare Erhaltung seines Lebens. Denn als er in pfeilschnellem Ritt einer Hirschkuh nachsetzte, habe sich nur wenige Schritte vor ihm ein Abgrund aufgetan, in welchen er mit seinem Rappen unaufhaltsam hinabgestürzt wäre, wenn nicht ein uralter, schwarzer, vom Blitzstrahl halb verkohlter Lindenstamm am Rande der Schlucht das Pferd zurückgeschreckt hätte. Zum Andenken habe er sich von den wenigen grünen Zweiglein der Linde eines mitgenommen, um es seiner treuen Gattin zu verehren. Mit Dankestränen in den Augen soll die Kaiserin das Zweiglein empfangen und sogleich im Hof der Burg in frischen Boden gepflanzt haben, wo es dann zu einem herrlichen Baum emporwuchs.

Nach Schöppner: Sagenbuch der Bayerischen Lande …

Mit Kaiser Henricus ist Kaiser Heinrich II. (973–1024) gemeint. Eine Linde im Burghof gibt es immer noch, doch ist es gewiss nicht mehr die, die Kunigunde gepflanzt haben soll. 1934 wurde eine mehrere hundert Jahre alte Linde durch eine neue ersetzt, die zwischenzeitlich noch einmal erneuert wurde. Bemerkenswert in der Burg ist die romanische Doppelkapelle.

Die Teufelssäulen

Zu Nürnberg in der alten Kaiserburg gibt es eine Kapelle, die auf vier Säulen ruht. Eine davon wurde, weil sie gebrochen war, in der Mitte mit einem eisernen Reif umschlossen. Oben vom Gewölbe aber schaut ein Pfaffengesicht herab. Das soll den Kopf des ersten Kapellans dieser Burgkapelle darstellen. Der ging mit dem Teufel eine Wette ein, oder wohl eher der Teufel mit ihm. Der behauptete, dass er, bevor das Pfäfflein, das sehr hurtig Messe lesen konnte, eine Messe beendet hätte, vier Säulen aus Rom herbeibringen könne, eine nach der anderen. Vermöge der Teufel solches, so solle des Pfaffen Seele sein eigen sein. Der Kapellan ging auf diese Wette ein. Vermöge er es aber nicht, so sollten die schönen Säulen aus einem antiken Heidentempel die christliche Kapelle stützen und schmücken, verlangte er im Falle seines Sieges. Der Teufel fuhr ab, und der Kapellan begann seine Messe zu lesen. Da ging es nun fast wie beim Puppenspiel, wenn Fausts Diener die Furien beschwört: perlicko – perlocko! – Mit Hui war der Teufel fort, und mit Hui war er wieder da und brachte die erste Säule. Als der Pfaffe an das Credo kam, war schon die zweite Säule da, und beim Evangelium die dritte – jetzt hieß es hurtig und geschwind. Ite! missa est! scholl dem Teufel entgegen, als er mit der vierten Säule angerast kam, da warf der Teufel die Säule hin, dass sie mit einem Donnerkrach in zwei Stücke zersprang, und fuhr erhitzt von dannen, denn er kochte von Anstrengung und vor Ärger. Er stürzte sich zur Abkühlung in den Dutzendteich, wo die Druden-Eila hauste und spukte. Um die zerborstene Säule aber wurde der eiserne Reif gelegt, und alle vier schmückten nun die alte Burgkapelle. Sie sind aus weißem Marmorstein und wunderschön. Des schnellen Messelesers steinernes Haupt schaut sie immer noch mit stillem Vergnügen an.

Nach Bechstein: Deutsches Sagenbuch …

Die Anfang des 13. Jahrhunderts errichtete Doppelkapelle zählt zu den ältesten Teilen der Burg. Zwei im Grundriss gleiche Kapellen liegen übereinander und sind im Mittelpunkt durch eine Öffnung verbunden. Die untere Kapelle kann heute nicht betreten, von oben durch die Öffnung aber eingesehen werden. Der südöstlich von der Altstadt liegende Dut-

zendteich wurde erst um 1430 durch Aufstauen einiger Bäche geschaffen. Der Teufel musste also eine Weile warten, bis er sich dort abkühlen konnte. Die Druden-Ella ist die Nürnberger Variante der Frau Holle oder Hulda, anderswo auch die wilde Prechta oder Hertha genannt. Bevor Sie die Kaiserburg verlassen, werfen Sie noch einen Blick auf den Sinwellturm am Eingang.

Die blaue Agnes

Vor langer Zeit lebte zu Nürnberg ein Turmwächter namens Jörg Koler. In seinen jungen Jahren diente er der Stadt als ›Knecht in der Farbe‹. Wegen seiner Pflichttreue und seines Diensteifers war er den Herren im Rat nicht unbekannt. Als einst die Türmerstelle auf dem Sinwell vakant war, meldete sich Jörg und wurde auch gleich darauf mit der Aufgabe betraut.

Jörg Koler stand damals schon im vorgerückten Lebensalter. Seine treue Gattin Ursula und ein kleines Töchterchen namens Agnes hatte ihm der Tod schon früh entrissen. Es war ihm daher diese Stelle gerade recht, denn er wollte von der Welt nichts mehr wissen. Darum bat er nicht um Unterstützung, denn er wollte diesen Dienst allein versehen.

Der Einsiedler vertrieb sich nun die Langeweile, die sein Dienst mit sich brachte, mit Arbeiten aller Art. So baute er sich einen Webstuhl und ein Spinnrad. Er machte auch seinen eigenen Schuster und Gewandschneider. Jörg war eben ein geborenes Genie; was er einmal gesehen hatte, das behielt er so gut im Gedächtnis, dass er es früher oder später nachmachen konnte. Es war dem Alten auch die Kunst des Lesens zu eigen. Dies hatte er im Kloster bei den Augustinermönchen gelernt. Dort heischte er als armer Knabe oft sein Brot. Es wurde ihm gerne gereicht, doch erst dann, wenn er eine Lektion im Lesen durchgemacht hatte. Nun auf hoher Wacht merkte er erst, was für eine Wohltat diese Kunst dem Menschen ist. Seine ganze Bibliothek bestand jedoch nur in einer Handbibel, die ihm die Mönche geschenkt hatten. Seine Bibel, sein Nachtlämpchen sowie sein Wasserkrug waren ihm neben seiner schmalen Kost Hauptbedürfnisse, daher auch wahre Heiligtümer.

Das Lämpchen hielt er Tag und Nacht brennend, gleich dem ewigen Lichte auf dem Kirchhofe zu St. Sebald. Damals war es eine mühsame Arbeit, Licht zu machen. Wenn es einmal vorkam, dass der ungestüme Wind auf dem Turm seinem Lämpchen das Leben ausblies, saß er oft lange auf dem Stubenboden vor der Zunderpfanne und – zick, zick, zick – machte er mit dem Stahl auf den Stein, bis endlich ein kleiner Funke sich im Zunder zeigte. Dann griff er nach einem der Schwefelstecklein, die er stets vorrätig fabrizierte; denn nur in dürrem Zustand zeigten sich dieselben brauchbar.
Seinem Wasserkrug widmete er ebenfalls eine besondere Sorgfalt. Er hatte es oben an der Decke auf einem Sockel stehen, denn sehr leicht konnte es vorkommen, dass er bei dem geringen Lichte den Krug umwarf. Das machte ihm dann die lange Nacht recht unangenehm, war es doch unmöglich, zur Nachtzeit den einzigen tiefen Brunnen auf der Veste zu benützen.

Jedem anderen wäre diese Lust zur Einsiedelei bald vergangen, doch dem alten Jörg nicht. Im Gegenteil war es ihm sehr unlieb, wenn er einmal auf kurze Zeit seinen Turm verlassen musste. Das tat er meist nur dann, wenn seine Mundvorräte zur Neige gingen. Hierzu bedurfte es immer einiger Vorbereitungen, denn es galt auch dabei, sein Selbstgewobenes an den Mann zu bringen. Jörg war ja kein zünftiger Weber, und die Herren dieses Handwerks hatten ein wachsames Auge auf alle Pfuscher. Auch war es keine Leichtigkeit, für ›Gepfuschtes‹ einen Käufer zu finden.

So kam wieder einmal der Winter und mit ihm auch die liebe Weihnachtszeit. Wir sehen Jörg am Heiligen Abend vom Markt heimkehrend, wie er eben hinter St. Sebald in das Schulgässchen einbiegt und dort bei einem Haus Halt macht, an dem man das rote Zeichen eines Bierwirtes baumeln sieht. Nachdem Jörg sein Bündel vom Schnee gereinigt hat, tritt er in das Haus ein. Es war eine sogenannte Rotbierschenke. Der Wirt, eine bekannte Persönlichkeit, hieß Hahn. Man nannte ihn allgemein den ›Feuerhahn‹, nicht wegen seiner brennend roten Haare, sondern weil er nebenbei mit allem handelte, was zum Feuermachen gehörte: Zunder, Stahl, Feuerstein und Schwefel. Diese notwendigen Sachen bezog auch Jörg von ihm. Auch eine Kanne Bier ließ er sich geben, und als er ausgetrunken hatte, wünschte er den Anwesenden gute Nacht und trat seinen Heimweg an. Der Gastgeber ging mit ihm unter die Tür. Jörg wollte den eingeschneiten steilen Burgberg umgehen und den Weg links um St. Sebald herum über den Kirchhof nehmen. Der Wirt, dies bemerkend, bedeutete ihm, er könne nicht über den Kirchhof gehen, denn derselbe werde seit neuerer Zeit beim Dunkelwerden geschlossen. »Weißt«, setzte er hinzu, »man hat eben schon wieder etliche Judenfamilien dort erwischt, die sich in der Kirche und im Kirchhof herumgetrieben haben«. Jörg brummte unverständlich etwas in den Bart, rückte zum Abschied seine Kappe und schlug den Weg rechts ein.

Mit Mühe erreichte er die Felsen an der Burg. Hier legte er sein Bündel ab und setzte sich, um ein wenig auszuruhen. Die dunklen, verschneiten Häusermassen, überragt von der majestätischen Kaiserburg in lautlos stiller Nacht, der Weihnacht, übten ihren ganzen Zauber auf den Dasitzenden aus. Er dachte an die frühere Zeit seiner armen Jugend und dann seines Freuden- und Ehrentages, als man ihn mit seiner treuen Ursula bei St. Sebald traute, auch an sein liebes Töchterlein Agnes. Alles, alles dahin! Allein und verlassen, fühlte der Alte heute so bitter und deutlich seine Einsamkeit. Er weinte, salzige Tränen rannen in seinen grauen Bart. »Alles, guter Gott, will ich ja vergessen und begraben wissen«, seufzte er und sah gen Himmel auf, »nur mein Töchterlein, meine liebe, gute Agnes hättest Du mir als Trost und Stütze in meinem Alter lassen sollen.«

Da fuhr plötzlich ein heftiger Windstoß über die Felsen hin, sodass er beinahe von seinem Sitz gefallen wäre. Nun nahm er sein Bündel und ging seinen Weg weiter. »Ich will nicht mehr murren, guter Gott«, betete er im Weitergehen. Mit unhörbaren Schritten auf dem Schnee kam er ungesehen durch den Burgeingang. Aus der dortigen Wachstube ließen sich raue Stimmen hören. Die Wachhabenden feierten den Weihnachtsabend auf ihre Weise mit Würfeln, Karten und Trinken.

Bald war der Alte über die Freiung hinweg bei seinem Turmaufgang angekommen. Dieser war ziemlich in der Mitte des Turmes angebracht. Eine hölzerne Stiege führte dort hinauf. Nun trat er durch die nicht verschließbare Tür in das Innere. Eine Schneckenstiege führte von da aus nach oben, wo seine Stube war. Als er diese zur Hälfte zurückgelegt hatte, blieb er plötzlich stehen und horchte; war es ihm doch, als hätte er menschliche Laute gehört. Und wirklich vernahm sein Ohr ein leises Stöhnen und Wimmern. Furcht kannte Jörg nicht. Er beeilte sich, vollends hinaufzukommen, um die Ursache davon zu entdecken.

An der Tür seines Stübchens angekommen, legte er sein Bündel ab. Dabei stieß er an etwas, das dort lag. In der Dunkelheit fühlte er mit beiden Händen umher und wurde gewahr, dass es ein menschlicher Körper war. Schnell öffnete er nun die Zimmertür und holte aus dem Innern sein brennendes Lämpchen. Mit zitternden Händen und dem Ruf: »O Gott!« leuchtete er in das totenbleiche Gesicht eines kleinen Mädchens. Rasches Handeln bei solcher Gelegenheit war Jörg eigen. Er hob das Kind sofort in die Höhe, und trug es in sein Stübchen. Bald hatte er auf der harten Ofenbank ein weiches Lager bereitet. Alsdann nahm er vom Gesims eine Flasche mit selbstdestilliertem, würzigem Aquavit, rieb der Kleinen damit die Schläfe und ließ auch einige Tropfen etliche Male auf die bleichen Lippen fallen. Nun machte er sich daran, Feuer in den Ofen zu bringen und ein stärkendes Süpplein zu kochen. Mit väterlicher Freude schaute der Einsiedler seinen Findling an und wartete mit Ungeduld auf dessen Erwachen. Sein leises Beten wurde bald unterbrochen durch das Atemholen der Kleinen. Endlich schlug sie die Augen auf und sah voll Liebe und Dankbarkeit in das runzlige Gesicht ihres Pflegers. »Wo bin ich? - wo sind meine Eltern?«, klang es leise von den bleichen Lippen. Als sie nun versuchte, sich aufzurichten, half ihr der Alte vollends dazu. Vorderhand durfte die Kleine nicht mehr sprechen. Jörg nötigte sie, das Süpplein zu essen. An dem Appetit, den sie dabei zeigte, sah der Mann, dass er ein mattes und entkräftetes Kind vor sich hatte. Schon beim ersten Anblick musste sich Jörg sagen: Das ist ein Judenkind.

Als das Kind gegessen hatte, setzte sich Jörg zu ihm nieder und vernahm in ganz vertraulichem Tone von der Kleinen, dass sie schon seit einem Monat mit ihren Eltern ruhelos im Land umhergezogen sei, nachdem sie die bösen Menschen, die sich Christen nennen, aus ihrer Heimat vertrieben hatten. Verfolgt und gepeinigt, kamen sie endlich in Nürnberg an, wo es ihnen noch schlimmer erging. Weggewiesen von jeder Tür, suchten sie endlich Unterschlupf bei St. Sebald. »Dort«, sagte das Kind unter Tränen, »wurde ich von meinen Eltern getrennt. Man schleppte sie hinweg; um mich bekümmerte sich niemand. Ich suchte nach ihnen, aber vergebens. Als es Nacht wurde, ging ich bergauf. Hier oben in dem Turme wollte ich einen Winkel für die Nacht suchen, um morgen wieder zu meinen Eltern zu kommen«.

Jörg wusste nun genug. Er tröstete das Kind und versprach ihm Schutz und Hilfe, so lange, bis es gelungen, ihre Eltern wieder zu finden. Die Kleine in ihrer Dankbarkeit umschlang mit ihren Händchen seinen Hals und küsste ihn. Dabei ging dem Einsiedler, wie man zu sagen pflegt, das Herz auf. Er hätte laut zu Gott aufjubeln mögen, dass er ihm einen so glücklichen Christabend beschert, dass er nun nicht mehr allein war, dass er ein lebendiges, fühlendes Wesen um sich hatte. Wenn es nur bei ihm bliebe! Letzteres bedenkend, gab er sich alle Mühe, dem Kinde das Schicksal seiner Eltern und die Gedanken an dieselben ganz vergessen zu machen, doch unterließ er durchaus nicht, nach ihnen zu forschen.

Noch am Christabend stellte er ein Christbäumchen mit vielem blitzenden Tand auf den Tisch. Das Kind hatte große Freude daran; es hatte so etwas noch nie gesehen. Der Kleinen das Fest ganz zu erklären, war ihm nicht möglich, denn sie verlangte zu schlafen. Zum Schluss griff er nach der Bibel, um die seltene Christfeier mit einigen hübschen Kapiteln zu beschließen. Weil er wusste, dass die Kleine von ihren Eltern Ruth geheißen wurde, so schlug er das Buch Ruth auf und begann zu lesen. Das Mädchen hörte aufmerksam zu. Als nun der Alte zu der Stelle kam, wo Ruth spricht: »Dein Gott ist mein Gott, und Dein Volk ist mein Volk; da wo Du hingehest, will ich auch hingehen, und wo Du begraben bist, will ich auch begraben sein«, wiederholte sie dies, und bei den Worten: Wo Du begraben bist, da will ich auch begraben sein, fiel sie ihrem Pfleger um den Hals und küsste ihm Mund und Wangen. Lange hielt er sie voll Entzücken an seiner Brust. Endlich merkte er, dass sie eingeschlummert war. Um ihren Schlaf nicht zu unterbrechen, setzte er sich mit seiner lieben Bürde an den Ofen. Nach wenigen Augenblicken schliefen beide, Arm in Arm und Herz an Herz.

Das neue Jahr fand zwei glückliche Menschen mehr in Nürnberg. Ruth hatte sich bald eingewöhnt. Um jeder Verfolgung zu entgehen, nannte der Türmer die Kleine Agnes, dem Andenken seines verstorbenen Kindes zuliebe. Beider Herzen hatten sich gefunden und wollten sich nimmer trennen. Das Kind vermisste bald die Eltern nicht mehr, und der Alte machte nun weiter keine Anstalten mehr, sie zu suchen. Er lebte fortan nur für die Kleine, und diese machte sich ihm aus Dankbarkeit so nützlich, als sie immer konnte. Sie putzte und scheuerte wie eine große Magd und hielt auch dabei fleißig Auslug nach der Stadt, ob dieser keine Gefahr drohe.

Das Kleidchen, welches Agnes bei ihrem Auffinden getragen, war bald arg verschlissen. Darum setzte sich Jörg hin und schneiderte aus selbstgewebtem Stoff ein neues.

Seinen Barchent wusste Jörg geschickt blau zu färben. Dies tat er zur Täuschung der Weberzunft, denn blau gefärbter Barchent galt als ›Augsburger Ware‹, wurde gerne gekauft und unterlag keiner Kontrolle von Seiten der Zunftmeister.

So lebten die beiden nahezu zehn Jahre miteinander auf dem Sinwell. Die kleine Agnes war zur großen Agnes, zu einer blühenden Jungfrau geworden. In dem ganzen Burghof war sie jedem unter dem Namen ›blaue Agnes‹ bekannt, welche Bezeichnung sie dem Umstand, dass sie stets ein blaues Barchentkleid trug, verdankte. Die blaue Agnes war der Liebling aller geworden. Die jungen Knechte auf der Burg und im Schloss stritten sich um sie. Jeder wollte die Ehre haben, ihr beim Heraufziehen der schweren Eimer am tiefen Brunnen behilflich sein zu dürfen.

Schon bei der Sonne ersten Strahlen hörte man die blaue Agnes im Turme singen, und wenn sie sich auf der Plattform sehen ließ, empfing sie gar manches Kusshändchen durch die Luft von den schmucken Junkern im Schloss. Mit Stolz und Freude betrachtete der Türmer oft seine schöne Gehilfin, wenn sie am Spinnrade saß und gleich den Lerchen im Frühling ihre lieblichen Melodien hinausjubelte. Schon öfter machte Jörg dem Mädchen vorstellig, was wohl mit ihr werden würde, wenn er, wie sein hohes Alter ihm sagte, dahin gehen würde, von wo es keine Rückkehr mehr gibt. Sie möge sich doch weniger abweisend gegen die Burschen verhalten, die um ihre Liebe werben. Es ahne ihm, dass er den Winter nimmer erleben werde. Agnes wollte von allem nichts wissen. »Väterchen, ich bleibe bei Dir. Uns hat Gott zusammengetan«, sprach sie, »sein Wille geschehe! Da, wo Du hingehst, will ich auch hingehen, denn Dein Gott ist mein Gott und wo Du begraben bist, da will ich auch begraben sein.« Dabei fiel sie ihm weinend um den Hals und liebkoste und küsste ihn, wie in den ersten Tagen ihres Beisammenseins.

So lebten nun diese zwei in ihrer Art glücklichen Menschen zusammen noch bis zum Herbst. In einer Septembernacht des Jahres 1590 brach in der Stadt Feuer aus. Von allen Türmen gab man die ganze Nacht die Feuersignale, nur der Sinwell blieb stumm. Die Ursache zu erfahren, ließ der damalige Feuerherr Baumgärtner nach dem Türmer sehen. Die Knechte fanden ihn tot am Tische sitzen. Sein niedergesunkenes Haupt lag auf der Bibel und seine Arme umfassten dieselbe.

Der Alte war gestorben, die blaue Agnes aber verschwunden. Die Burgleute ließen alles nach dem Mädchen durchsuchen, doch vergebens. Der Tote wurde bei St. Sebald

Die Kaiserburg mit Sinnwellturm (links). [Quelle: H.D:Radke]

begraben. Kein Mensch sah oder hörte mehr von dem lieben Mädchen etwas, und des Rätsels Lösung ist bis heute noch nicht gefunden worden.

Nach des Hohen Rates Beschluss ließ man die Wache auf dem Sinwell ganz eingehen und der Turm blieb nahezu ein halbes Jahrhundert ohne Wächter. Erst im Jahre 1632, während des großen Krieges und nachdem Gustav Adolf in Nürnberg gewesen war, wurde der Sinwell wieder mit einem Wächter besetzt. Dieser hieß Görg Haushahn, ein Kammmacher, sein Geselle war Hans Oswald, ein Scheibenzieher.

Mit diesen neuen Wächtern zog nun auch die liebe blaue Agnes auf dem Turme wieder ein. Schon in der ersten Nacht hörte man sie in ihren Pantöffelchen die Treppen auf- und ablaufen. Unten auf dem Schießboden ließ sie ihre heiteren Melodien wieder erklingen und drehte dabei rasch ihr schnurrendes Spinnrad.

In das Zimmer kam die blaue Agnes selten; sie war überhaupt unsichtbar. Nur wenn sich einer auf die Ofenbank hinlegte, um etwas auszuruhen, und ihn dabei der Schlaf übermannte, kam sie leise, rüttelte ihn an der Schulter, mahnend, er möge seinen Dienst nicht vergessen. Jeden Morgen aber fanden die Wächter den Schießboden und die Treppe fein säuberlich gekehrt und gewischt.

Der blauen Agnes muss auf dem Sinwell das Wirkungsfeld zu klein geworden sein, denn bald darauf besuchte sie auch die Wächter auf den anderen Türmen. Überall hörte man sie, geschäftig alles ordnend, umherschleichen. Jeden größeren Brand zeigte sie schon etliche Tage zuvor den Wächtern an. Bald ließ sie zur Nachtzeit die Feuerglocke leise summen, bald bewegte sich das Feuerhorn an der Wand, bald blieben auch sämtliche Wanduhren auf einmal stehen, alles nur zum Wohle der Wächter.

Nach Lotter: Sagen, Legenden und Geschichten

Die Geschichte um die blaue Agnes und den Sinwellturm findet man in vielen alten Quellen. Ich habe mich für die Variante von Lotter entschieden, weil sie am breitesten auserzählt ist und eine gute Abwechslung zu den anderen, deutlich kürzeren Sagen bietet. Sie ist trotzdem leicht gekürzt und in der Sprache heutigen Gewohnheiten angepasst, ohne den alten Stil ganz zu verleugnen. Der Hintergrund – Judenpogrome, die es auch in Nürnberg gab – klingt nur verhalten an in dieser Sage, und doch ist er nicht zu übersehen. Die Barmherzigkeit des alten Türmers, der sich um derlei nicht schert und das Mädchen in seine Obhut nimmt, lässt die Geschichte verträglich erscheinen. Leider gab es damals viel zu wenige solcher Menschen und wir wissen, wie schlimm die Sache noch im letzten Jahrhundert ausging. Auch heute sind derartige Bosheit und Herzlosigkeit leider noch nicht ausgestorben und so steht diese alte Geschichte auch als Mahnung an dieser Stelle, sich nicht von derartigen Strömungen vereinnahmen zu lassen.

Der Sinwellturm in der Kaiserburg ist nicht zu übersehen. Der Begriff Sinwell kommt aus dem Mittelhochdeutschen und bedeutet »gewaltig rund«. Seine heutige Form, mit dem schmalen oberen Geschoss und dem Zeltdach, bekam er in den 1560er Jahren. Zu der Zeit, in der diese Geschichte spielt, hatte er also schon seine endgültige Form. Die Barchent-

Weberei – das ist ein Mischgewebe aus Baumwoll-Schuss auf Leinen-Kette – verdrängte ab dem 14. Jahrhundert mehr und mehr das Leinen. Zentren der Barchentherstellung waren die großen Städte damals, unter anderem auch Augsburg. Gegen Ende des 19. Jahrhunderts verlor sie ihre Bedeutung.

Teil der Nürnberger Burg sind heute auch die Reste der Burggrafenburg, die 1420 weitgehend zerstört wurde. Das Haus Hohenzollern stellte ab 1192 die Burggrafen von Nürnberg. Woher diese kamen, das erzählt die nächste Sage.

Die Herkunft der Hohenzollern

Das glorreiche Fürstengeschlecht, das dem Königreich Preußen seine Könige und dem Deutschen Reiche seine Kaiser gab, soll, sagenhaften Überlieferungen zufolge, aus Italien stammen. Es wird uns berichtet, dass unter dem Kaiser Heinrich III. zu Rom sich eine große Zwietracht unter den vornehmsten römischen Geschlechtern zugetragen hätte, aus welcher Ursache Ferfridus oder Fertipulus, des Geschlechts ein Columneser, veranlasst gewesen war, nach Deutschland zu kommen.

Hier suchte er Kaiser Heinrich III. auf, berichtete ihm, wie er unschuldig sein Land habe meiden müssen, und befahl sich unter Heinrichs Schutz. Der Kaiser sah ihn gnädig an und belehnte ihn im Süden Deutschlands mit der Landschaft, daraus später die Grafschaft Hohenzollern wurde, gab ihm auch den Titel eines Grafen zu Zollern mit dem Wappen, das dieses Geschlecht noch führt.

Ferfridus baute sich hierauf mit des Kaisers Bewilligung eine Burg auf einem ziemlich hohen Berge der verliehenen Landschaft und verwaltete von da aus den Reichszoll im Namen von Kaiser und Reich, wovon er eben den Namen Zoller, von der hochgelegenen Burg aber den Namen »Hohenzoller« erhielt.

Christoph Enzelt, ein Geschichtsschreiber der Hohenzollern, erzählt uns, dass ein Bruno, Herzog zu Engern, Fürst zu Rügen und noch mehr, Herzog Warnickens oder Warnimbs Sohn, eine Gemahlin, namens Susanne, gehabt hatte, die eine geborene Gräfin von Potfaun oder Monfort gewesen sei. Deren Großvater, genannt Eisenbart, habe im Jahr 750 mit Irmentraut, seiner Gemahlin, zwölf Söhne gezeugt. Die unnatürliche

Mutter wollte – der Grund wird uns nicht angegeben – elf davon ertränken lassen. Sie sind aber auf wunderbare Weise am Leben erhalten geblieben und haben – wegen der Zahl Zwölf oder weil das Weib, das sie ertränken sollte, dem fragenden Vater vorgab, sie hätte junge Wölfe in ihrem Korb – den Namen Welfen erhalten.
Von einem dieser Welfen, genannt Bertholdus, dem hernach vom Kaiser die Grafschaft Zollern verliehen worden war, soll Ferfidus, genannt der Columneser, direkt abstammen und etwa im Jahr 1080 in den Besitz der Grafschaft Zollern und 1275 der Burggrafschaft Nürnberg gelangt sein.

Nach Lotter: Sagen, Legenden und Geschichten ...

Diese wirre Beschreibung gibt kaum brauchbare Informationen wieder. Erstmals erwähnt wurde das Adelsgeschlecht der Hohenzollern 1061 in einer Chronik des Klosters Reichenau. Von dieser älteren schwäbischen Linie zweigte im 12. Jahrhundert die fränkische Linie ab, die ab Anfang des 13. Jahrhunderts die Burggrafschaft Nürnberg übernahm. Die Hohenzollern bauten von Nürnberg ausgehend durch eine geschickte Erwerbspolitik ihr Herrschaftsgebiet im fränkischen Raum aus. Durch die Machtansprüche der Hohenzollern kam es zu Konflikten mit Nürnberg und anderen Reichsstädten, mit dem Bischof von Würzburg und den bayerischen Wittelsbachern. Diese Auseinandersetzungen eskalierten 1420 und führten zur Zerstörung der Nürnberger Burg, wovon die nächste Sage berichtet.

Die Zerstörung der Burggrafenburg

In der Nacht vom 21. Oktober des Jahres 1410 hielt der Rat einen Tanz auf dem Rathaus ab, wo es lustig und vergnügt herging. Dass es draußen stürmte und regnete, was das Zeug hielt, ließ sich die tanzlustige Jugend nicht im Geringsten anfechten. Sie ließ sich auch nicht stören, als ein gewaltiger Feuerlärm entstand.

Der Burggraf war damals in eine Fehde mit Ludwig dem Bärtigen, Herzog von Bayern-Ingolstadt, verwickelt. Des Herzogs Pfleger, Christoph Leinigen in Lauf, war nun still in der finstern Nacht vor das Burggrafenschloss zu Nürnberg gezogen, um dasselbe durch einen Handstreich zu überrumpeln und einzunehmen. Sei es, dass die Besatzung zu schwach oder zu sorglos war, die Burg wurde von den Mannen des Feindes bald eingenommen, geplündert und angezündet, sodass sie vollständig ausbrannte.

Gewisse Chronisten melden hierüber, dass von Seite der Stadt den Überfallenen keinerlei Hilfe geleistet worden sei, ganz entgegen dem Sprichwort: »Wenn es im Hause Deines Nachbars brennt, so schone Deine Eimer nicht.« Es wird sogar behauptet, der Leininger habe den Rat vorher von seinem Vorhaben in Kenntnis gesetzt und ihm vorgeschlagen, sich nicht einzumischen. Er wolle ihren gemeinschaftlichen Feind heimsuchen, ohne ihnen und der Ihrigen Schaden zuzufügen. Der Burggraf soll gesagt haben, wenn er gute Nachbarn gehabt hätte, so hätten sie ihm wohl vor Schaden bewahren können. Bald darauf soll er vor Leid gestorben sein. Er ist der letzte Burggraf gewesen, der zu Nürnberg gewohnt hat; denn das Burggrafenschloss wurde nicht wieder aufgebaut. Stehen geblieben sind nur der fünfeckige Turm und der Chor der Walburgiskapelle.

Es sind jedoch diese Angaben, die ohne Zweifel einen Flecken auf die Ehre des damaligen Stadtregiments werfen sollten, Erfindungen ohne jeden positiven historischen Gehalt. Vielmehr steht fest, dass der Ritter von Leiningen auch ein Feind der Stadt gewesen ist. Er hat vielen Nürnberger Untertanen Vieh und Fuhrwerk genommen, Nürnbergische arme Leute zu Schwarzenbruck ausgeplündert, und auch anderen ihrer Habe beraubt und sie gefangen gesetzt haben.

Mit Erlaubnis des Kaisers verkaufte 1427 Kurfürst Friedrich mit Zustimmung seines ganzen Hauses die Burg an die Stadt Nürnberg und etwas später auch die Rechte auf die beiden Reichsforste St. Sebald und St. Lorenz, mit Ausnahme einiger, wie auf das Landgericht, das Geleite und den Wildbann, was nachher zu vielen blutigen Streitigkeiten zwischen beiden Parteien führte.

Nach Lotter: Sagen, Legenden und Geschichten …

Mit dem Jahr hat sich der Chronist um ein Jahrzehnt vertan. Die Zerstörung der Burg durch die Truppen des Herzogs Ludwig VII. von Bayern-Ingolstadt fand 1420 statt. Jedoch herrschten die fränkischen Hohenzollern bereits seit Mitte des 13. Jahrhunderts von der

Cadolzburg westlich von Nürnberg aus. Über den in Ansbach geborenen Albrecht von Brandenburg-Ansbach kamen die fränkischen Hohenzollern nach Preußen. Zum Begriff ›Hofraite‹, der in der Sage erwähnt wird: Bezeichnet wird damit der von Gebäuden eines Gehöfts umschlossene Hofraum, aber auch eine Hofstelle mit Bauernhaus, Nebengebäuden und Garten.

Von der Burg aus folgen Sie nun der Oberen Söldnergasse bis zum Ende. Links in die Tezelgasse, gleich wieder rechts zum Maxtor, vorher aber rechts ab in die Lange Gasse bis zum Universitätspark. Dort gehen Sie rechts den Treibberg hinunter bis zur Ecke, wo sie das Museum Tucherschloss finden, das einen Besuch allemal wert ist. Sie finden dort nicht nur Informationen über die einflussreiche Kaufmannsdynastie Tucher, sondern viel über das Leben des Nürnberger Patriziats seit dem Mittelalter und so manches künstlerische Meisterwerk. Das bei den Tuchers nicht immer alles ganz sauber zugegangen sein soll, davon berichtet eine alte Sage.

Tod im Erzgebirge

An einem Freitag im Mai des Jahres 1514 lauerten der Wiwolt Tiermann und der Hensel Unger dem Johann Wengemeyer, Anwalt und Kanzleischreiber aus Nürnberg, auf und erschlugen ihn in der Klosterstraße. Die beiden Mörder wurden schnell gefangen und gestanden bei einem peinlichen Verhör auf der Streckbank die Tat. Sie gaben aber auch an, dass der Nürnberger Kaufmann und Ratsherr Andreas Tucher den Auftrag gegeben habe, weil der Kanzleischreiber falsche Briefe über ihn geschrieben habe, woraufhin dieser, die Rache Tuchers fürchtend, aus Nürnberg geflohen sei. 400 Gulden sollen sie dafür erhalten, wenn sie den Wengemeyer in Annaberg töten würden. Tucher bestritt dies allerdings. Am 28. Juli 1514 wurden beiden von einem Scharfrichter mit einem Wagenrad die Gliedmaßen zertrümmert und man flocht anschließend beide auf das Rad, wo sie elendiglich verstarben.

Nach Steffen Winter: Tod am Kloster

Aktuell wurde diese alte Geschichte, für die es keine Belege gab, im Jahr 2017, als bei archäologischen Grabungen in Annaberg ein Skelett mit Schädelverletzungen gefunden wurde, hinter dem man den erschlagenen Johann Wengemeyer vermutet. Im Gerichtsbuch ist für 1514 dieser Fall tatsächlich vermerkt. Noch im Jahr 1518 beschäftigte die Sache die mittelalterlichen Gerichte. Auf dem Reichstag in Augsburg wurde der Fall noch einmal verhandelt und in Folge zahlte der Nürnberger Rat 5000 Gulden an den Herzog Georg aus Sachsen, allerdings mit dem Hinweis, dass dies kein Schuldeingeständnis sei. Die Witwe des Kanzleischreibers Wengemeyer bekam 400 Gulden, die Kirche St. Anna einen neuen Altar, den der Nürnberger Maler Hans Hesse ausgestaltete. Die Tuchers waren eine der einflussreichsten Patrizierfamilien der Reichsstadt Nürnberg, urkundlich belegt seit dem Jahr 1309. Andreas Tucher musste sich keiner peinlichen Befragung unterziehen.

Folgen Sie der Hirschelgasse ein paar hundert Meter, erreichen Sie den Lauferplatz. Biegen Sie nun rechts ab, um in die Äußere Laufergasse zu kommen, der Sie, wieder rechts abbiegend, zurückfolgen. Ein bestimmtes Haus ist hier nicht zu zeigen, doch soll in einem Haus der Laufergasse einmal eine gruselige Geschichte passiert sein.

Die Nürnberger Hausgeister

Das ganze Haus einmal im Jahr von oben bis unten zu reinigen, ist in Nürnberg ein alter Brauch. Als ein Herr und seine Frau, die das Gasthaus »Zum schwarzen Bären« in der Laufergasse führten, einmal auf eine Reise gehen wollten, beauftragten sie die Magd, während ihrer Abwesenheit im Haus alles fleißig zu »stöbern« – wie man in Nürnberg dazu sagte. Nur die eine Kammer unter der Stiege, die sollte sie auslassen und verschlossen halten.

Als nun die Herrschaften abgereist waren, kam die Magd fleißig ihrem Auftrag nach. Doch als sie am Abend mit dem Stöbern fertig war, überkam sie eine derartige Neugier darüber, was wohl in der Kammer sein könnte, die sie nicht aufschließen durfte, dass sie sich nicht mehr halten konnte. Sie probierte alle Schlüssel, die sie finden konnte, an dem alten großen Schloss, auf dem drei weiße Kreuze mit Ölfarbe gemalt waren, aus. Keiner wollte passen, doch als sie schon aufgeben wollte, entdeckte sie noch einen ganz verrosteten, womit sich das Schloss tatsächlich aufsperren ließ.

Sie fand hinter der Tür eine finstere Kammer voller Staub und Moder. Sie traute sich nicht, hineinzugehen, besah sich aber alles genau. Ein großer grauer Pelz lag in der Mitte der Kammer auf dem Boden, doch begann dieser, während die Magd noch darauf schaute, sich plötzlich zu regen, wurde immer größer und größer, sodass das Mädchen, von Angst und Entsetzen gepackt, davonlief. Hinter ihr ertönte ein schallendes Gelächter, das der zitternden Magd in alle Glieder fuhr.

Als die Hausbesitzer nach einiger Zeit zurückkehrten, entlockten sie der verstört wirkenden Magd, was vorgefallen war. Da wurde der Mann zornig und jagte die Magd aus dem Dienst. Sie hatte einem Geist die Freiheit gegeben, der vormals das Haus beunruhigt hatte. Ein Geistlicher hatte ihn in die Kammer gebannt. Nun trieb das Gespenst aufs Neue sein Unwesen im Hause und gab seine Schadenfreude wieder und wieder durch lautes und schallendes Gelächter zu erkennen. Das schreckte auch die Gäste und so kam das Gasthaus mehr und mehr herab. Es währte viele Jahre, bis es glückte, den Hausgeist von der Laufergasse endgültig zu bannen. Und noch jetzt ist in Nürnberg das Sprichwort gang und gäbe, wenn jemand in einer Gesellschaft recht grell und störend auflacht: »Der lacht wie der Geist im schwarzen Bären.«

Nach Schöppner: Sagenbuch der Bayerischen Lande und
Panzer: Bayerische Sagen und Bräuche

Über Hausgeister wusste auch Ludwig Bechstein zu berichten: »Zu Nürnberg hat es von je allerlei Merkwürdiges gegeben, auch Hausgeister und Alraune fehlten nicht, und da neben dem Hausgeist der Handelsgeist in dieser ehrwürdigen Reichsstadt besonders mächtig war, ist es vorgekommen, daß heimlich Handel getrieben ward mit leibhaften Alraunen und Spiritus familiares.« (Bechstein: Deutsches Sagenbuch). Die Sitte des Hausputzes findet sich aber auch im restlichen Deutschland, es wird dann aber nicht »stöbern«, sondern »feudeln« oder »scheuern« oder anders genannt. Der Effekt ist aber jedes Mal der gleiche: Schmutz, Staub und Geister werden aus dem Haus entfernt und für eine Weile ist es wieder gut.

Sie könnten nun die Laufergasse zurückgehen bis zum Laufer Torturm. Oder Sie folgen der Straße weiter bis zur Landauergasse, wo Sie die Landauerkapelle vorfinden. Beides – der Torturm und die Kapelle – hat mit der folgenden Sage zu tun, genauer, mit der Zwölfbrüderhaus-Stiftung.

Das Zwölfbrüderhaus

Neben dem Lauferschlagturm stand einst ein großes Haus mit vielen Sälen und Zimmern, das vor mehr als 400 Jahren erbaut worden ist als fromme Stiftung von zwei Männern. Der eine war Erasmus Schildkrot. Er soll aus England gewesen sein und die Kunst, Gold zu machen, verstanden haben. Er war aber kein Zauberer, der so etwas mit Teufelskünsten erreichte, sondern ein frommer Mann, der Kirchendienste tat in der Frauenkirche und bei St. Egidien. Er hatte ein Gelübde getan, dass er, wenn seine Kunst gut fortgehe, von seinem Gewinn Almosen an die Armen geben und eine Klosterzelle bauen wolle. Mit seiner Stiftung wartete er nicht bis zu seinem Tod, sondern nahm schon zu Lebzeiten zwölf arme alte Männer auf, denen er täglich Geld und gutes Essen ins Haus schickte. Dafür mussten die Alten der Reihe nach alle Gottesdienste in der Stadt besuchen und für den Wohltäter beten. Wenn sie krank waren, ließ Schildkrot sie auf seine Kosten sorgfältig und gut pflegen und mit allem versorgen, was ihnen ihre Lage erleichtern konnte. Schildkrot wurde immer reicher und hinterließ, als er starb, ein großes Vermögen.

In seinem Testament hatte er bestimmt, dass man den zwölf alten Männern zur Heimstätte eine Zelle bauen solle. Deshalb kaufte sein Freund Matthias Landauer ein Stück von dem alten Stadtgraben beim Lauferschlagturm. Er ließ den Graben ausfüllen und dann auf den gewonnenen Platz das Zwölfbrüderhaus stellen, mit einer Kapelle. Matthias Landauer muss wohl von Dr. Schildkrot das Goldmachen gelernt haben, denn auch er wurde reich. Viele Stiftungen haben seinen Namen nicht vergessen lassen.

Nach Stritzke: Es war einmal

Die Zwölfbrüderhäuser waren Armenhäuser der Nürnberger Zwölfbrüderstiftungen. Das ältere Mendelsche Zwölfbrüderhaus wurde Ende des 14. Jahrhunderts gestiftet, das Landauersche zu Beginn des 16. Jahrhunderts. Die Stiftungen gingen bis ins 19. Jahrhundert. Beide Häuser existieren nicht mehr. Die noch vorhandene Landauerkapelle ist aber die Hauskapelle des ehemaligen Landauerschen Zwölfbrüderhauses. Albrecht Dürer schuf dafür ein Allerheiligenbild. Das Original hängt heute im Kunsthistorischen Museum in Wien. In der Kapelle ist jedoch eine Kopie dieses Bildes zu sehen. Die wertvollen Hausbücher sind inzwischen digitalisiert und über das Internet einzusehen. Es lohnt sich, dort hineinzuschauen.

Gehen Sie ein Stück die Landauergasse hinauf und biegen hinter dem Willstätter Gymnasium links ab, so kommen Sie zu St. Egidien, der letzten Station des Sagenspaziergangs nördlich der Pegnitz. Noch einmal hören wir etwas von Nikolaus Muffel.

König Wenzel in Nürnberg

Nikolaus Muffel, Schultheiß zu Nürnberg, erfreute sich vor seinem unrühmlichen Ende der vorzüglichen Gunst des Königs Wenzel, sodass dieser sich öfters in seinem Hause auf dem St. Egidienhof aufhielt. Als der König einst um Ostern des Jahres 1370 bei ihm war, verlangte er von des Muffels ehelicher Hausfrau, dass sie ihm das Haupt wasche, was sie willig tat. Anschließend sagte der König: »Liebe Frau, jeder Arbeiter ist seines Lohns würdig. Was begehrt Ihr von uns als Lohn?« Da antwortet die Frau mit ehrsamen Worten, sie begehre nichts. Der König jedoch ließ nicht locker und sagte, dass sie fordern solle, und was sie fordere, das wolle er ihr auch geben. Schließlich bat sie sich eine Bedenkzeit aus, um die Sache mit ihrem Mann Nikolaus Muffel zu bereden.

Nach dieser Bedenkzeit bat sie den König um einen Span von dem Heiligen Kreuz. Also sagt der König, er wollt ihr viel mehr geben; denn das heilige Kreuz, das er an seinem Hals trage, das hätte ihm sein Vater, Kaiser Karl, gegeben. Es stamme von seinen Eltern, den Königen zu Böhmen und dem Haus Luxemburg her. So schickte er nach einem Priester und einem Goldschmied. Diese ließen Kerzen anzünden, knieten nieder und nahmen das goldene Kreuzlein, darin der Span war, von seinem Hals, und brachen es auf. Sie nahmen den Spahn heraus und schickten nach glühenden Kohlen in die Küche. Man brachte diese in einem silbernen Wasserbecken und schließlich legte der Priester den Span in die glühenden Kohlen. Der Spahn des heiligen Kreuzes sprang heraus aus dem Feuer, einem Ritter auf seinen Mantel, viele Leute haben dies gesehen. Der Ritter hieß Herr Christian von Blumeratz. Er war ein mächtiger, frommer und gottesfürchtiger Mann und diente dem König als Hofmeister. Nun bat der König den Priester in böhmischer Sprache, er solle ihm ein wenig von dem Spahn geben. Der Spahn lag auf einem neuen, weißen Leinentuch. Der Priester nahm ein Messer, sah den heiligen Spahn an und wollte ein wenig nach des Königs Gebot davon nehmen. Indem er das Messer noch einen Spann über dem heiligen Spahn hält, spaltet sich der heilige Spahn ganz von allein und gleichmäßig in zwei Teile. Da erschrak der Priester und schaute zum König. Der sagte: »Liebe Frau, wir müssen gestehen, dass wir dem Priester insgeheim auf Böhmisch gesagt haben, er solle Euch einen kleinen Teil vom Span geben. Nun seht Ihr das große Wunder Gottes: Der Span ist aus dem Feuer gesprungen und ohne menschliche Hilfe in zwei gleiche Teile auseinandergebrochen. Kein Mensch kann erkennen, welches Teil das größere ist. Also will Gott der Herr, dass das heilige Kreuz von Euch geehrt werden soll, mehr als von uns. Darum entscheidet selbst, welches Teil Ihr wollt.«

Der Priester wendete die zwei Stücke um, und niemand konnte sehen, dass sie voneinander geteilt wären. So nahmen sie und ihr Mann das eine Stück mit großen Freuden, und zusätzlich gab ihr der König dreißig Schock böhmische Groschen. Daraus machten sie ein silbernes Kreuz, darin das Stück vom heiligen Kreuz verschlossen wurde.

Nach Alexander Schöppner: Sagenbuch der Bayerischen Lande …
(Siehe auch Priem und Lotter)

Die Reliquiensammelwut des Nikolaus Muffel ist in dieser Sage noch einmal angesprochen und zu einer Legende ausgedeutet worden. Mit König Wenzel ist Wenzel von Luxemburg (1361–1419) gemeint, der auch den Beinamen »Der Faule« trug. Er war der älteste Sohn Kaiser Karls IV. aus dessen dritter Ehe mit Anna von Schweidnitz und wurde am 26. Februar 1361 in Nürnberg geboren. Damit endet die zweite Sagentour durch die Altstadt Nürnbergs.

Um Nürnberg herum

Was heute zu Nürnberg gehört, war ehemals »außerhalb« der Stadt. Bevor wir unseren sagenhaften Blick weiter ins Umland hinein schweifen lassen, schauen wir doch einmal, was sich jenseits der alten Stadtmauer an Geschichten findet. Wir umkreisen die Stadt beziehungsweise den Stadtkern dabei im Uhrzeigersinn.

Kunz Schott bei Erlenstegen

Um 1490 hatten die Nürnberger einen grässlichen Feind, nämlich den Kunzen Schott, Burggrafen zu Rothenberg. Er hatte mit einer Anzahl beutegieriger Genossen eine Fehde mit der Reichsstadt begonnen und dehnte seine Raubzüge bis dicht vor Nürnberg aus. Nicht leichtsinnig durfte sich ein Nürnberger blicken lassen, denn er wurde sofort von Kunz Schott oder seinen Spießgesellen ausgeraubt.

Ein dringendes Geschäft rief den Ratsherren Wilhelm Derrer nach Lauf. In Begleitung seines Knechtes trat er den Ritt an. Aber kaum waren beide am Dorfe Erlenstegen angekommen, so brachen Gewappnete aus dem Gebüsch. Trotz tapferer Gegenwehr, bei welcher der Knecht schwer verwundet wurde, waren bald beide gefangen. Man band sie auf ihre Pferde und führte sie tiefer in den Wald. Auf einem freien Platz lagerte Kunz Schott inmitten seiner Genossen. Ein Jubelschrei füllte die Luft, als sie den Ratsherrn samt Knecht erblickten. »Ei, ei, Herr Derrer«, spottete Kunz. »Was hat Euch heute aus Eurem Nest herausgelockt? Ihr hättet besser daran getan, zu Hause zu bleiben; dann wäret ihr nicht in unsere Gewalt gekommen. Oder seid Ihr gar erschienen, um mir den letzten Beschluss eurer gestrengen Ratsfreunde mitzuteilen? Ha, ha, ha! Dem Kunzen Schott soll der Kopf abgeschlagen werden auf dem Rabenstein, und die rechte Hand dazu. Ha, ha, ha! Die Nürnberger hängen keinen, sie hätten ihn denn zuvor gefangen. Ha, ha, ha!«

»Ihr seid ein Feind der Stadt«, erwiderte Derrer, »und habt seit geraumer Zeit viel Schaden angerichtet. Man würde Euch nicht auf Rosen betten in Nürnberg. Doch solche Worte habe ich nie im Rat gehört.«

»Dann müsstet Ihr nicht drin gewesen sein bei der Versammlung, denn gesprochen worden sind sie, wenn ich auch weiß, dass Ihr sie nicht gesprochen habt. Darum will ich Euch auch den Kopf schenken. Doch die Hand müsst Ihr hergeben. Umsonst sollt Ihr nicht in meine Gewalt gekommen sein. Macht ihn los von den Stricken«, gebot er seinen Leuten, »und haltet seine Hand auf den Baumklotz!«

Die Knechte griffen zu und drückten den Ratsherrn auf die Knie nieder, während ein anderer seinen Arm ergriff und seine Rechte auf den Baumstock niederhielt. Der Ratsherr bat – umsonst. Er sträubte sich – vergebens. Wie mit eisernen Klammern wurde er gehalten. Schott machte sein Streitbeil von seinem Wehrgehänge los. Blitzend im Sonnenlicht durchsauste die Waffe die Luft. Ein gewaltiger Hieb trennte die Hand vom Arm und das Beil drang fest in das Holz ein.

Eine tiefe Ohnmacht umhüllte die Sinne des Verstümmelten. Er wusste später nichts davon, dass ihm die Unholde die abgehauene Hand in das Wams steckten, und dass sie ihm dabei zuriefen, er solle die Hand samt einem Gruße den Herren von Nürnberg überbringen. Er hatte auch das teuflische Hohngelächter nicht vernommen, unter dem sie davonritten zur Burg Rothenberg. Der schwer verwundete Diener kroch zu seinem Herrn heran und verband mit einem Tuch den blutenden Arm. So lagen sie beide, näher dem Tod als dem Leben, bis von ungefähr ein Holzbauer kam, der sie auf seinem Wagen mit in die Stadt nahm.

Nach Aufsberg: Sagen und Geschichten ...

Konrad Schott von Schottenstein war markgräflicher Amtmann auf der Burg Streitberg. Urkundlich nachweisbar ist er erstmals auf der Burg Hornberg am Neckar, wo er vermutlich auch geboren wurde. Zu Lebzeiten galt er als wild, bösartig und händelsüchtig. Ein befreundeter Weggefährte war Götz von Berlichingen, dem er schließlich die Burg Hornberg verkaufte. Ob ihm alle in Sagen und Geschichten erhaltenen Grausamkeiten tatsächlich angelastet werden können, ist zweifelhaft. Im 15. Jahrhundert gerieten die Reichsritter mehr und mehr in eine nachteilige Position zu den aufstrebenden Städten. Im Jahre 1497 wählten ihn die Ganerben der Burg Rothenberg zu ihrem Burggrafen. Diese lag nur drei Reitstunden von Nürnberg entfernt. Zwischen der Stadt und Konrad Schott kam es zu einer heftigen Fehde, die letztendlich die Stadt verlor. In Nürnberg war er außerdem verrufen wegen der gegen den Ratsherrn Wilhelm Derrer verübten Tat. Auch soll er Stein bei Nürnberg niedergebrannt und mit Pfeilen geschossen haben, auf denen stand »In einen von Nürnberg«. Erlenstegen wird als Sitz des staufischen Reichsschultheißen Giselherus de Erlinstegen im Jahr 1216 erstmals urkundlich belegt. Heute ist der Ort ein Stadtteil von Nürnberg, östlich des Stadtzentrums.

Der Spitzleinstag in Altdorf

Am Allerheiligentage herrschte ehemals in Altdorf ein reges Leben. Nach uralter Sitte versammelten sich früh morgens die Gassenkinder, zu welchen sich aber auch ehrbarer Leute Kinder gesellten, liefen in hellen Haufen durch die ganze Stadt und stellten sich gruppenweise vor die Häuser. Aus der munteren Schar ertönte einmal ums andere der Ruf: »Guten Morgen um ein Spitzlein!« Sie hielten mit ihrem Geschrei so lange an, bis man sich den Lärm durch eine Gabe vom Halse schaffte. An diesem Tag wurden von den Bäckern kleine weiße Pfennigbrote gebacken, an beiden Enden spitz zulaufend: die Spitzlein. Keine Hausfrau versäumte, diese Spitzlein in größeren Mengen einzukaufen. Einige davon wurden unter die Kinder geworfen, und fort zog anschließend der lärmende Haufen, dem Nachbarhause zu. Dieser Aufzug wiederholte sich des Morgens mehrmals.

Im Jahr 1685 hatte der Professor Dr. Felix Spitz von Jena seinen Einzug in Altdorf gehalten. Spät abends war er angekommen. Am nächsten Morgen – es war ausgerechnet der Allerheiligentag –, erschienen auch vor seinem Haus die Knaben mit ihrem Geschrei. Dr. Spitz, der von dem Brauch nichts wusste, geriet auf den Gedanken, dass das Spitzleinsgeschrei ihm als einem kleinen Mann, zum Hohn und Schimpf gereichen sollte. Er war aufs äußerste erzürnt, gab seiner Dienerschaft den Befehl, sogleich wieder einzupacken. Er wollte allen Ernstes das Städtlein verlassen. Nur mit viel Mühe konnte er belehrt und besänftigt werden.

Nach Aufsberg: Sagen und Geschichten ...

Die Stadt Altdorf bei Nürnberg liegt etwa 25 Kilometer südöstlich von Nürnberg. Bereits um 800 gab es dort einen fränkischen Königshof, von 1622 bis 1809 sogar eine Universität. Gottfried Wilhelm Leibniz hat dort promoviert. Ein anderer berühmter Student war der spätere Feldherr Albrecht von Wallenstein. Zur Erinnerung an ihn und den Dreißigjährigen Krieg finden in Altdorf die Wallensteinfestspiele statt. Die Gebäude der alten Universität sind bis heute erhalten geblieben.

Die Kapelle zu Altenfurt

Kaiser Karl der Große war ein großer Freund des edlen Waidwerks. Die großen Reichswälder, die man jetzt unter dem Namen Sebalder- und Lorenzer-Forst kennt und die, obwohl sie durch Rodung gegen früher bedeutend verringert wurden, noch heute eine sehr beträchtliche Ausdehnung haben, boten ihm während seiner häufigen Anwesenheit in Mittelfranken jeweils Gelegenheit zu jagdlicher Kurzweil. Dabei konnte er sich auf kurze Zeit die schweren Regierungssorgen abstreifen, um das auch einem Fürsten so nötige Gleichgewicht zwischen Körper und Geist wieder herzustellen. Es geht die Sage, dass er in diesen Wäldern oft über Nacht geblieben sei, zumal diese zu seiner Zeit noch recht schwach – nur durch die Zeidler, Waldbauern und Köhler – besiedelt gewesen sein mögen. Es wird erzählt, dass er zu diesem Zwecke stets ein Zelt mit sich zu führen pflegte. Der Kaiser war aber auch ein gottesfürchtiger Mann, der niemals auszog, ohne St. Martins Chor-Kappelein mit sich zu führen, Letzteres wahrscheinlich ebenfalls als Zelt. Und wo er sein Lager aufschlug, da stand stets dicht dabei St. Martins Chor-Kappelein, in welchem der hohe Herr seine Andacht verrichtete.

An der Straße von Nürnberg nach Feucht, wo jetzt der Weiler Altenfurt liegt, soll ums Jahr 800 n. Chr. Kaiser Karl einmal genächtigt haben, und da in jenen Tagen sein Jagdglück ganz besonders glücklich ausfiel, er zudem durch Botschaft erfreuliche Nachrichten aus Rom erhalten hatte, soll er beschlossen haben, dort, wo seine Zeltkapelle gestanden hatte, eine Kapelle in der Form derselben zu St. Catherinens Ehre zu bauen. Fromme Schottenmönche erhielten, so erzählt uns die Sage, den Auftrag, zu gewissen Jahreszeiten in der Kapelle zu singen und wohl auch Messgottesdienst abzuhalten. In etwas späterer Zeit soll dicht dabei ein frommer Einsiedler gewohnt haben, der von den milden Gaben der armen Waldbauern, Zeidler und Köhler sein Leben fristete. Die Kapelle ist noch immer dort zu sehen. Die Nürnberger wandern gerne, besonders zur Sommerszeit, hinaus, um die herrliche Waldluft in den schönen Waldbeständen, von denen es umgeben ist, zu genießen.

Nach Lotter: Sagen, Legenden und Geschichten …

Kaiser-Karl-Sagen gibt es viele, die wenigsten haben etwas mit realen Ereignissen zu tun, sondern deuten nur an, welch hohes Ansehen er als »Reichsgründer« im Bewusstsein der Bevölkerung über die Jahrhunderte hatte. Altenfurt liegt an einem ehemaligen Heer- und Handelsweg nach Regensburg. Im 12. Jahrhundert gab es dort einen mit Bohlen gesicherten Abschnitt, der durch das hochwassergefährdete Gebiet des Reichswaldes führte. Um 1125 ist auch erstmals eine Rundkapelle belegt, sowie eine Einsiedlerklause in der Nähe. Dass der Kaiser diese Kapelle in Auftrag gegeben haben soll, ist eher unwahrscheinlich. Altenfurt ist heute ein Stadtteil von Nürnberg. Die romanische Rundkapelle am Leonhard-Übler-Platz, mit Erweiterungen aus dem 13. Jahrhundert, lohnt einen Besuch auch heute noch.

Wie Kaiser Ludwig Pillenreuth errichtete

Als Kaiser Ludwig der Bayer sich im Jahre 1345 mit seiner Gemahlin in Nürnberg aufhielt, befanden sich unter den Hoffrauen der Kaiserin etliche, welche den Beschluss fassten, ins Kloster zu gehen. Also baten sie den Kaiser, ihnen in der Stille des Nürnberger Waldes ein Kloster zu bauen, wo sie fortan ihr Leben gottesfürchtig verbringen könnten. Da ließ sich der Kaiser ein Pferd bringen und ritt hinaus in den Wald, um einen passenden Platz für das Kloster ausfindig zu machen. Wie er eine Weile im Walde geritten war, hörte er einen überaus schönen Gesang. Zu diesem lenkte er sein Pferd hin. Er fand auf einer Eiche das Bildnis des gekreuzigten Erlösers. Darin erkannte er einen Fingerzeig Gottes, stieg vom Ross, kennzeichnete eigenhändig mit dem Beil den Baum und befahl, dass an dieser Stelle das Kloster errichtet werden sollte. Von dem aufgefundenen Bild und dem ›ausgereuteten‹ Hain leitet sich der Name ›Bildenreuth‹ ab.

Die Nürnberger hatten einmal eine Fehde mit Albrecht Achilles, dem Markgrafen von Ansbach. Der Krieg zog sich schon lange hin, und viele Nürnberger Dörfer waren bereits in Flammen aufgegangen. Die Stadt hatte ihre Bürgerschaft mit Waffen versehen und, so gut sie es konnte, in ihrem Gebrauch geübt. Der Markgraf Albrecht Achilles lachte aber über die Nürnberger »Pfefferbälge« und glaubte nicht, dass sie richtig kämpfen könnten. Einmal schrieb der Markgraf einen spöttischen Brief an den Rat der

Stadt Nürnberg, in dem stand, dass er bei Pillenreuth, zwei Stunden gegen Katzwang, sein Lager aufgeschlagen habe und die dortigen Weiher der Nürnberger leerfischen wolle. Die »Pfefferbälge« sollten doch kommen und die Fische mit aufessen! Er wolle die Nürnberger herzlich empfangen!

Der Nürnberger Rat war zornig und wollte sich nicht länger foppen lassen. Die Bürgerwehr wurde zusammengerufen. Die Waffen wurden hergerichtet, und dann zog die große Schar aus dem Tor hinaus, dem frechen Markgrafen entgegen. Die Ansbacher dachten nicht daran, dass die Nürnberger die Einladung ernst nehmen konnten, und zogen ohne viel Wachen und Sicherungen mit ihrem Heer und einer Anzahl von Wagen mit Fischkästen durch den Wald. Da wurden sie von den Nürnbergern überfallen. Die Ritter und Knechte wehrten sich tapfer; aber es half ihnen nichts. Das Heer der Ansbacher wurde zerschlagen, und am Abend brachten die Nürnberger drei Fahnen, eine Anzahl Geschütze, sowie zahlreiche gefangene Ritter und Knechte von diesem »Fischzug« mit nach Haus. Man erzählte, dass sogar der Markgraf selber schon gefangen war, dass ihn aber der Nürnberger Feldhauptmann Kunz Kaufungen gegen seine Pflicht und seinen Eid wieder freigegeben habe.

Heute findet man mitten im Wald nur noch Trümmer der Klostermauern. Efeu wächst an den Steinen hinauf und man kann im Klostergarten im Frühjahr die schönsten Veilchen pflücken. Die alte Kapelle steht noch, wird aber als Kuhstall genutzt.

Schon seit dem Jahr 1552 ist das Kloster zerstört. Damals haben die frommen Frauen den Ort verlassen und sind nicht mehr zurückgekehrt. Der Grund war: Ein anderer Ansbacher Markgraf, Albrecht Alcibiades, führte ebenso wie sein Urahn, Albrecht Achilles, mit den Nürnbergern Krieg. Er zog mit seinem Heer durch das Nürnberger Gebiet und brannte dabei alle Dörfer nieder, die auf seinem Weg lagen. Er selber hatte versprochen: »Ich will den Nürnbergern so einheizen, dass auch die Engel die Füße anziehen werden müssen!« Der Zug der Ansbacher kam an Pillenreuth vorbei, und dabei wurden das Kloster geplündert und alle Gebäude niedergebrannt. Die Schwestern waren schon vorher geflohen und hatten im Klarakloster in Nürnberg Aufnahme gefunden.

Nach Schöppner: Sagenbuch der Bayerischen Lande und
Stritzke: Es war einmal

Das Kloster wurde durch Konrad Groß (1280–1356), einem kaiserlichen Schultheißen aus Nürnberg, von dem wir in diesem Buch schon gelesen haben, gegründet. Dass der zur gleichen Zeit lebende und regierende Kaiser Ludwig IV. (auch der Bayer genannt) involviert war bei dieser Stiftung, kann nicht nachgewiesen werden. Die Ortssuche des Kaisers darf aber sicher als fromme Legende angesehen werden. Nach der Zerstörung des Klosters durch Albrecht Alcibiades wurde es nicht wieder aufgebaut. Die letzte lebende Nonne übergab später den Besitz an die Stadt Nürnberg. Heute ist Pillenreuth ein Stadtteil im Süden von Nürnberg.

Der Sturm auf Schwabach

Gustav Adolf, der Schwedenkönig, hatte sich hinter die Geschütze der Stadt Nürnberg zurückgezogen, denn die Armee des Kaisers unter Wallenstein folgte ihm auf dem Fuß. Am 1. Juli des Jahres 1632, einem Sonntag, kam morgens, da eben die Leute in der Kirche waren, die kaiserliche Armee in die Gegend von Schwabach. Der Türmer blies Alarm, und Jung und Alt eilte auf die Mauern. Eine Armee von Kriegern nahte der Stadt! Nun wäre es von der Bürgerschaft hilfreich gewesen, man hätte sich in die Zeit geschickt und getan, was man in solchen Fällen zu tun pflegt. Allein in der Stadt befand sich ein schwedischer Leutnant, der erzählte der Bürgerschaft, diese paar Soldaten seien nur eine geschlagene feindliche Armee. Auch der damalige Bürgermeister, Herr Triller, riet den Bürgern, sich zu verschanzen, bis der König von Schweden Hilfe schicke.

Die Bürger entschlossen sich also zur Gegenwehr. Sie begaben sich haufenweise auf die Mauern und schossen mit Musketen tapfer hinaus, und da sie auch eine Kanone auf der Mauer hatten, auch mit dieser. Damit trafen sie ausgerechnet des Wallensteins Zelt. Dabei starb sein Hofsattler und eine Kugel flog dem Feldherrn dicht am Kopf vorbei. Der erbitterte Wallenstein befahl nun den Sturm. Drei Kompanien Dragoner taten einen Anfall auf das gegen den Kirchhof gelegene Mönchstor. Sie schlugen die Ketten der Zugbrücke ab, sodass die Schlagbrücke heruntersauste. Die Soldaten rannten auch gegen das Tor an, da es aber von innen mit Mistwägen und Steinen stark verschanzt war, so konnten sie nicht durchdringen. Sie mussten unverrichteter Dinge abziehen. Die Bürger aber hatten außerdem gut 70 Soldaten Wallensteins ins Gras gelegt. Nun kannte der Zorn des Kriegsobersten keine Grenzen mehr. Er ließ die Stadt mit Kanonen beschießen. Als nun die Bürger seinen Grimm sahen, steckten sie eine weiße Fahne auf die Mauer und ergaben sich auf Gnade und Ungnade.

Wallenstein befahl in seiner Wut, man solle die Stadt ausplündern, alles Lebendige niedermachen und niemanden, jung oder alt, Mann oder Weib, verschonen, zuletzt alles niederbrennen. Der im Lager anwesende Kurfürst Maximilian I. von Bayern bat für die Bewohner und stellte Wallenstein vor, die Bürger hatten alles aus Unverstand getan, in der Hoffnung auf schwedische Hilfe. Seine Bitte hatte Erfolg, doch wurde den Soldaten das Plündern erlaubt. Nur der Bürgermeister Triller sollte getötet werden. Man wollte ihn vierteilen und die Stücke über die Mauer hängen, aber er war nirgends zu finden. Elf Wochen lang war er mit seiner Frau in einer Kammer bei einer Müllerin versteckt.

Die Bürger mussten alle Waffen auf den Markt bringen. Die meisten flüchteten in die Kirche oder in das Hospital, nur wenige blieben in den Häusern. Die Soldaten hausten entsetzlich, nahmen alles mit, was sie fanden, öffneten alles, was verschlossen war, mit Gewalt, zerstörten, was sie nicht brauchen konnten. Der Raub wurde ins Lager gebracht, wo das Meiste an Händler um ein Spottgeld verschleudert wurde. Mit den Männern ging man sehr hart um. Sie wurden gefoltert und ins Lager geführt, wo man sie Rebellen hieß, die man bei den Füßen aufhängen sollte.

Am fünften Tag, als alles ausgeplündert war, quartierten sich die vornehmsten Offiziere in die vornehmsten Häuser ein. Bei den andern sind die gemeinen Soldaten zu vierzig, fünfzig und noch mehr eingeleget worden. Die Leute, welche in die Kirche geflüchtet waren, hat man fünf Tage nicht losgelassen. In dieser Zeit haben sie keinen Bissen Brot gegessen. Endlich hat man sie doch herausgelassen. Die Armen konnten ungehindert gehen, die Bemittelten mussten sich um viel Geld loskaufen. Doch nun fing das Elend eigentlich erst an. Allenthalben fehlte es an Nahrung. Krankheiten kamen auf. Die Leute siechten dahin. Viele Tote blieben in den Häusern und Hütten liegen, wo sie vermoderten und hernach in Stücken auf den Friedhof gebracht wurden. Die Not war überall erschrecklich groß. Für die Soldaten wurden die Nahrungsmittel aus Bayern zugeführt. Die kaiserliche Armee blieb bis auf Bartholomäi – das ist der 24. August – in der Gegend stehen. Beim Abmarsch atmeten die Bürger erleichtert auf und

Marktplatz von Schwabach. [Quelle: H.D. Radke]

dachten, nun endlich Ruhe genießen zu können. Doch nach kurzer Zeit rückte der kaiserliche Obrist Sperreuter mit seinem Regiment in Schwabach ein. Diese verzehrten nicht allein, was noch übriggeblieben war, sondern hausten noch ärger als die Soldaten des Wallenstein. Sie schmissen Öfen, Fenster und alles andere ein, und obwohl sie nur eine Nacht in der Stadt lagen, so räumten sie doch so sauber auf, dass nicht ein Körnchen Getreide, noch ein Stück Vieh – nicht einmal Hund oder Katze – überblieb.

Wer nicht gestorben war, suchte sein Heil in der Flucht. Die Soldaten besetzten die Tore, damit die Bürger nicht alle entweichen mochten, doch viele Einwohner ließen sich mit Weib und Kindern über die Stadtmauer hinab, um der Not zu entkommen. Als endlich die Soldaten abzogen, waren kaum mehr als zwanzig Bürger in der Stadt. Das Gras wuchs auf den Straßen, sodass das Pflaster allenthalben überwachsen war.

Nach Aufsberg: Sagen und Geschichten ...

Diese Beschreibung trifft weitgehend die Situation, wie sie im Dreißigjährigen Krieg in Schwabach geschehen ist. Fünf Tage lang plünderten die Soldaten in der Stadt. In alten Chroniken steht, dass danach auf den Straßen das Gras wuchs.

Gleich im Westen jenseits der Altstadt, direkt an der Pegnitz, ist die Deutschherrenwiese zu finden, deren Mittelpunkt heute eine Sportanlage ist.

Die Wiese mit dem Goldhügel

In der Mitte der Deutschherrenwiese befand sich ehemals ein großer Sandhügel. Die Nürnberger holten seit Jahrhunderten von dort her ihren Bausand, ohne dass man merkte, dass der Hügel dadurch kleiner wurde. Den Kindern war dort das Spielen im Sand eine liebe Beschäftigung. Müde und abgehetzt vom Spielen hatte sich einmal eine Schar Kinder am Hügel niedergelassen, als plötzlich aus dem Sandberg ein kleines Männlein mit langem, eisgrauem Bart hervorkroch und auf die Kleinen zuschritt. Gerne wären sie davongelaufen; aber da es eine recht freundliche Miene machte und ihnen allerlei Zuckerbrot reichte, hatten sie bald alle Scheu vor ihm verloren. Sie folgten ihm sogar durch eine Öffnung, die sie früher nie bemerkt hatten, in das Innere des Sandberges. Zu ihrem Glück hatte er keine böse Absicht, denn nach einiger Zeit führte er sie wieder unversehrt ans Tageslicht zurück.

Im Innern des Sandberges hatten die Kinder große Haufen Gold, Silber und Edelsteine gesehen, über welche sie hinwegsteigen mussten. Aber obgleich das Männlein bei jedem Haufen stehen geblieben war und freundlich darauf hingedeutet hatte, als wollte er die Kinder ermuntern und auffordern, davon zu nehmen, wagten sie es doch nicht. Es hatte sie eine Furcht ergriffen, und froh atmeten sie erst wieder auf, als sie endlich aus der Höhle zurück waren.

Natürlich rannten sie nun nach Hause und erzählten den Eltern, Verwandten und Nachbarn ihr merkwürdiges Abenteuer, das aber anfänglich niemand glauben wollte. Als jedoch beim Auskleiden der Kinder in ihren Schuhen allerlei kleine Goldmünzen zum Vorschein kamen, die wahrscheinlich beim Überschreiten der Goldhaufen dort

hineingeraten waren, konnten die Eltern nicht mehr an der Wahrheit dessen zweifeln, was ihnen die Kinder berichtet hatten. Ein wahres Goldfieber brach aus, als sich die Sache in der Stadt herumsprach. Alles drängte zum Sandberg, aber niemand fand den Eingang. Er war und blieb verschwunden; das Männlein mit dem Barte ließ sich nicht wieder. Vermutlich wartet der, der diese Schätze hütet, noch immer auf Erlösung.

Nach Lotter: Sagen und Legenden …

Um 1830 wurde der Sandberg abgetragen und ein Exerzierplatz errichtet. Kein Goldschatz kam dabei zu Tage, auch nicht, als man später – nach dem Krieg – den Sportplatz dort baute. Ob doch noch jemand den Schatz vorher gehoben hat oder ob er tiefer in die Erde gesunken ist, wird man wohl nicht mehr feststellen können.

Kunz Schott in der Cadolzburg

Die Verstümmelung des Ratsherrn Derrer war nicht die letzte Freveltat des Burggrafen vom Rothenberg gewesen. Er setzte seine Räubereien auch weiterhin fort. Da wandte sich der Rat von Nürnberg an Kaiser Maximilian I. um Hilfe. Der Kaiser sprach über den Friedensstörer die Reichsacht aus und setzte einen Preis von 200 Gulden auf seinen Kopf aus. Mancher seiner Helfershelfer verließ ihn nun. Da flüchtete er sich zum Markgrafen Casimir von Ansbach.

Aber die Stadt Nürnberg rastete nicht; sie drängte den schwäbischen Bund im Jahr 1523 zur Aufstellung eines Heeres. Eine Gesandtschaft ging an den Markgrafen und erklärte ihm, dass der Bund ihn als Feind behandeln werde, wenn er den Schott nicht ausliefere oder selbst unschädlich mache. Das ging dem Markgrafen doch zu Herzen. Er ließ dem Schott sagen, er solle auf die Cadolzburg kommen. Arglos erschien Kunz dort. Man führte ihn in ein Zimmer, in welchem ein lederner Teppich ausgebreitet lag. Kurz darauf betrat der Markgraf das Zimmer und hinter ihm ging der Henker mit dem

Die Cadolzburg. [Quelle: H.D. Radke]

blanken Schwert. Kunz erschrak. Der Markgraf erzählte ihm nun alles und schloss mit den Worten: »Es ist besser, Du stirbst, als dass ich und meine Leute ruiniert werden.« Auf einen Wink des Markgrafen kamen einige Bewaffnete ins Zimmer und nahmen ihm seine Waffen ab. Kunz musste auf den Teppich niederknien und den Kopf hergeben.

Nach Aufsberg: Sagen und Geschichten ...

Der schwäbische Bund stellte 1523 tatsächlich ein Heer zusammen, um Raubritternester zu zerstören. Hauptziel war die Vernichtung des Hans Thomas von Absberg (1477–1531), der viele Nürnberger Kaufleute entführt und ihnen die Hände abgehackt hatte. Absberg war der Schwager von Konrad Schott, weshalb dieser selbst unter Verdacht stand. Da er aber seinem schutzsuchenden Schwager die Aufnahme verweigerte, ließ man Schott in Frieden. Die Legende, er wäre auf der Cadolzburg vom Markgrafen enthauptet worden, entspringt einem Wunschdenken. Schott starb friedlich im Jahr 1526 im Heilsbronner Hof zu Nürnberg.

Die Gründung von Fürth

In vielen alten Chroniken wird erwähnt, dass Karl der Große die Veranlassung zur Gründung einiger mittelfränkischer Städte gegeben haben soll. Auch Fürth habe seinen Ursprung ihm zu verdanken, wird vermerkt. Dort, wo jetzt dieser Ort zu finden ist, soll er im Jahr 793 kurz vor dem Weihnachtsfest sein Nachtlager gehalten und auch neben seinem Zelt jene St. Martins Chor-Kappel aufgestellt, bei St. Dionysii Reliquien seine Andacht verrichtet und zu Ehren des heiligen Martin von Tours eine Kapelle erbaut haben.

Bald wurde dieselbe als ein besonderer Gnadenort betrachtet und fromme Wallfahrer kamen aus dem ganzen Lande hierher, nun zu beten, besonders als von dem päpstlichen Hof Indulgenz bewilligt wurde. Dies hatte zur Folge, dass viele Pilger kamen und für diese Herbergen angelegt wurden, wodurch der Ort sich bald merklich vergrößert hat. Fürth wird auch früher genannt als Nürnberg und kann es heute noch nicht ganz verwinden, dass im Laufe der Zeit die jüngere Schwesterstadt sich zu größerer Bedeutung aufgeschwungen hat.

Nach Lotter: Sagen und Legenden … und
Schöppner: Sagenbuch der bayerischen Lande

Urkundlich ist im Jahr 1007 dem Domkapitel Bamberg die Ansiedlung Fürth vermacht worden. Da sie zu diesem Zeitpunkt schon bestand, muss sie früher gegründet worden sein. Ob Karl der Große dafür verantwortlich ist, werden wir wohl nie herausfinden können. Fürth bekam auch wenig später von Heinrich II. das Marktrecht zugesprochen, doch schon der Nachfolger Heinrich III. gab es kaum ein paar Jahre später an Nürnberg. Dass die Fürther deswegen den Nürnbergern damals etwas nachtragend waren, kann man sich vorstellen. Ob es heute noch so ist, darf aber angezweifelt werden. Der Platz, an dem die sagenhafte Martinskapelle gestanden haben soll, ist bekannt als Kapellenruh im Rednitz-Wiesengrund, im Norden von Fürth.

Karl der Große im Karlsberg

Zwischen Nürnberg und Fürth liegt der Kaiser-Karls-Berg, woraus man in früherer Zeit oft einen schönen Gesang von unbekannten Stimmen erklingen hörte. Als ein Nürnberger Bäckerjunge eines Abends an dem Berg vorüber ging, kam ein unbekanntes Männlein zu ihm und sagte: »Bringe von morgen an täglich in der Frühe einen Korb voll Brot hierher an den Berg. Du wirst an dieser Stelle den Eingang finden und kannst ohne Furcht hineingehen. Jedes Mal wird dir dein Brot bar bezahlt und du erhältst außerdem einen Sechser Trinkgeld. Wenn du aber jemanden davon erzählt, kostet es dich das Leben!«

Am andern Morgen sagte der Junge seiner Meisterin, es sei ein großer Korb voll Brot bestellt worden, nahm und trug diesen an den Berg, wo er nun zum ersten Mal eine Öffnung sah, durch die er hineingehen konnte. Bald schon kam ihm das Männlein mit einem Licht entgegen und führte den Jungen in ein kostbar eingerichtetes Gewölbe, worin ein Kronleuchter brannte und viele geharnischte Männer schlafend umhersaßen. Hier legte der Knabe das Brot ab und wurde von dem Männlein mit lauter neuem Gelde ausbezahlt, worauf er sogleich wieder aus dem Berg gehen musste.

Bis zum dritten Tage ging alles gut. An jenem Morgen aber fragte die Meisterin, wer den Korb Brot bekomme und dafür das schöne neue Geld bezahle? Der Junge antwortete, wenn sie nur das Geld erhalte, solle sie nicht weiter fragen. Damit war die Meisterin aber nicht zufrieden und schlich das nächste Mal dem Jungen bis in die Nähe des Berges nach. Bei seiner Rückkehr sagte sie ihm, sie wisse jetzt, dass er das Brot zum Kaiser-Karls-Berg bringe. Wenn er nun nicht alles gestehe, werde er aus dem Dienst gejagt. Da erschrak der Junge und erzählte, wie es sich zugetragen hatte. Er klagte dabei, dass er jetzt sein tägliches Trinkgeld, vielleicht sogar sein Leben verlieren werde. Am andern Morgen ging er mit dem Korbe Brot wieder fort, kam aber nicht mehr zurück. Es konnte keine andere Spur von ihm gefunden werden als seine Kleider, die auf dem Wege zum Berg hie und da zerstreut herumlagen. Seitdem ist der Gesang im Berge verstummt. Dagegen hört man daraus zuweilen Wehklagen und Weinen.

Nach Schöppner: Sagenbuch der Bayerischen Lande ...

Der Hügel im Wiesengrund neben der Pegnitz, den die Fürther großartig Kaiser Karlsberg nannten, ist heute verschwunden. Es verläuft dort aber noch der Karlsberggraben und eine Straße in der Nähe wird heute Am Karlsberg genannt.

Frevel wider des Herren Brot

Eine merkwürdige Begebenheit soll sich im Jahre 1567 in Poppenreuth zugetragen haben. Sie ist in der alten Pfarrchronik aufgezeichnet worden.

Der Pfarrer Bartholomäus Gebhard hatte zwei Mägde, Kunigunda und Brigitta. Diese gingen am dritten März 1567 auf das Feld, um zu krauten. Da trafen sie noch einige Bauern und Mägde an. Ehe die Mägde auf dem Felde mit ihrer Arbeit begannen, sagte des Pfarrers Magd Kunigunda zu einer anderen Magd, die Anna hieß und bei einem domprobstischen Untertan in Diensten stand, sie habe etwas Gutes bei sich, das wollte sie ihr geben. Und als sie miteinander weitergingen, fragte Kunigunda, ob sie zu Gottestisch gehen wolle? Darauf erwiderte die Anna: Ja, wenn Gott sie so lang leben ließ, würde sie es tun. Kunigunda aber sprach: Sie habe den Leib Christi bei sich und wolle ihn ihr geben. Hierauf fiel sie nieder, zog die Anna ebenfalls herunter, brachte ein Tüchlein hervor, darin ein Teil einer Oblate, wie man sie bei der Austeilung des hochwürdigen Abendmahls zu gebrauchen pflegt, eingewickelt gewesen, und wolle dieses der Anna reichen. Als aber die andere Magd Brigitta solches sah, stieß sie die beiden Mägde auseinander und sagte, die Leute könnten es sehen. Darauf fragte Anna, woher die Kunigunda die Oblate bekommen habe? Da antwortete sie, dass sie in der Früh dieselbe in ihres Herrn Stuben gefunden, und einen Teil davon nüchtern genossen habe. Als die andere Magd vom Markt heimkommen sei, habe sie dieser auch davon gegeben, mit der Erklärung, dass sie unseres Herrgotts Brot essen sollte.

Es hat also die Anna indessen von der zerbrochenen Oblate ebenfalls ein kleines Stückchen aus der Hand Kunigundas in den Mund gesteckt und genossen. Hierauf sind sie an ihre Arbeit gegangen. Später ging Kunigunda zu zwei anderen Mägden, welche ebenfalls auf dem Feld arbeiteten, wovon die eine auch Kunigunda und die andere

Barbara hießen. Sie sagte zu ihnen, dass sie etwas Gutes habe, das wollte sie ihnen geben. Diese dachten, sie würden von der Kunigunde Zucker und Gewürze erhalten. Sie bekamen aber die Oblatenstücke und genossen diese, weil sie es für Sünde hielten, sie auf den Boden zu werfen. Darauf habe noch die Kunigunde gesagt: Morgen will ich euch den Kelch bringen und euch zu trinken geben. Darauf sagte eine Magd, sie solle sich nicht versündigen. Darauf gingen sie alle an ihre Arbeit. Nach zwei Stunden wollten sie nach Hause gehen und sahen sich deswegen nach der Kunigunda um. Da sind sie gewahr geworden, dass Kunigunda eine Ackerlänge entfernt von ihnen auf dem Angesicht lag und tot gewesen sei.

Nach Lotter: Sagen, Legenden und Geschichten …

Diese merkwürdige Geschichte ist wohl auf kuriose Auswüchse im Volksglauben zurückzuführen. Was tatsächlich passiert ist, lässt sich nach fast einem halben Jahrtausend aus diesem Pfarrbucheintrag kaum herauslesen. Das ehemalige Pfarrdorf Poppenreuth ist heute ein Stadtteil im Osten von Fürth, nördlich von Nürnberg.

R.I.P.

200

Von Fürsten, Rittern, Mönchen und Bürgern

Manche Sage und Legende lässt sich nicht konkret oder nur ungenau einer exakten Örtlichkeit zuweisen. Aus der Vielzahl an alten Geschichten folgen deshalb in diesem letzten Kapitel noch eine Handvoll.

Das Mägdlein zu Nürnberg

Willibald Pirckheimer,
Kupferstich von Albrecht Dürer.
[Quelle: Public Domain, via Wikimedia Commons]

Willibald Pirckheimer zu Nürnberg ging einstmals mit einem Wahrsager in einem Garten spazieren. Da sah der Wahrsager zwei Mägdlein, welche das Gewächs im Garten begossen. Er bat, sie möchten ihm und seinem Begleiter ein paar Sträußlein von wohlriechenden Blumen machen, er wolle ihnen in die Faust sehen und wahrsagen, wann sie Männer bekommen sollten. Das eine Mädchen ging davon und wollte sich nicht wahrsagen lassen, die andere ließ sich gern in die Hand sehen und gab ihm ein Sträußlein dafür. Dann ging Pirckheimer mit dem Wahrsager fort. Als sie aus dem Garten waren und weiter spazierten, fragte Pirckheimer, was er in des Mägdleins Hand gelesen hätte, ob Böses oder Gutes. Der aber antwortete ganz traurig, dass das Mägdlein nicht über acht Tage mehr leben würde. Darüber wunderte sich Pirckheimer sehr, weil das Mägdlein frisch und gesund ausgesehen hatte. Aber ehe der achte Tag kam, erfuhr er, dass das Mädchen durch einen Unfall plötzlich ums Leben gekommen sei.

Nach Heinrich Pröhle: Sagen

Diese Geschichte berichtet, dass schon immer Menschen unterschiedlich gegenüber abergläubischen Behauptungen reagiert haben. Das eine Mädchen wollte nicht wissen, was ihm die Zukunft bringt, glaubte vielleicht nicht einmal daran. Das andere Mädchen war neugierig und zweifelte nicht, dass in der Hand zu erkennen sei, was die Zukunft bringt. Zum Lohn brachte ihr das keine frohe Erkenntnis.

Willibald Pirckheimer (1470–1530) war ein bekannter Renaissance-Humanist, ein Freund Albrecht Dürers und Berater Kaiser Maximilians I. Zwei seiner Schwestern lebten im Nürnberger Klara-Kloster, eine – Caritas – war Äbtissin; von ihr wurde in diesem Buch schon berichtet. Pirckheimer hatte in Italien humanistische Wissenschaften und Jura studiert. Dass er sich von Wahrsagern beeindrucken ließ, scheint nicht sehr glaubhaft. Vielleicht wählte man ihn gerade deshalb für diese Erzählung aus, um ihr einen positiven Anstrich zu geben und die Geschichte glaubhaft wirken zu lassen.

Peter Henlein

In Nürnberg wohnte einstmals ein Schlosser namens Peter Henlein. Der hatte sein Lebtag immer gern über die Arbeitszeit hinaus an eigenen Dingen getüftelt und gebastelt. Einmal hatte er sich eingeschlossen, Tag und Nacht gefeilt, gehämmert und geklopft und kein Mensch wusste, was er da machte. Die Nachbarn ringsherum wunderten sich und fragten seine Frau. Die Frau des Schlossermeistes wusste aber auch nichts Genaues. Man horchte an den Fenstern und an der Tür; aber keiner wurde klug aus alledem. Da erzählte man in der ganzen Stadt: »Der Henleins Peter ist verrückt geworden! Er ist ein Narr!« Seine Frau weinte sich die Augen rot, weil sie es doch auch glaubte, was alle sagten! Aber es dauerte nicht lang, da ging die Tür auf und der Peter Henlein kam mit einem kleinen eiförmigen Ding heraus, das tickte und klopfte, als wäre es lebendig. Obendrauf aber sah man ein kleines Zifferblatt wie bei einer Uhr. Damit ging Peter aufs Rathaus, zeigte es den Herren und durfte bald darauf seine neue Erfindung öffentlich ausstellen. Es war das »Nürnbergisch Ei«, eine Uhr, die man bequem in die Tasche stecken konnte.

Nach Stritzke: Es war einmal

Peter Henlein (1479–1542) war ein Nürnberger Schlossermeister und Uhrmacher. Ihm wird in der Sage die Erfindung des »Nürnberger Ei«, einer Uhr, die man am Körper tragen konnte, zugeschrieben. Tatsächlich schuf er Uhren ab 1510, die man tragen konnte, diese waren aber eher zylinderförmig gebaut. Die »Nürnberger Ei« genannten Taschenuhren sind jedoch erst aus der Zeit nach 1550 bekannt. Peter Henleins Ruf war nicht ganz rein. Er war als Lehrling in eine Rauferei verwickelt, bei der ein junger Nürnberger Schlosser zu Tode kam. Nach einem vierjährigen Prozess wurde er zu einer Strafzahlung an die Kinder des Opfers verurteilt und erst 1509 in die Schlossermeister-Zunft aufgenommen. Sein Bruder wurde wegen eines Mordes an einem achtjährigen Mädchen zum Tode verurteilt und beim Versuch, ihm zu helfen, wurde Peter Henlein wieder straffällig. Auch später kam er wegen Schlägereien mit dem Gesetz in Konflikt. Trotz allem brachte er es auf Grund seiner Fähigkeiten zu großem Ansehen und wurde auch als Uhrengutachter außerhalb Nürnbergs zu Rate gezogen.

Paul Cruz

Zu Nürnberg gab es einen Mann mit dem Namen Paul Cruz. Der konnte die Geister beschwören, aber so, dass auch wirklich welche kamen. In einer besonderen Beschwörung setzte er ein neues Tischlein ins Zimmer, deckte ein weißes Tuch darauf, dazu zwei Milchschüsseln darauf, ferner zwei Honigtöpflein, zwei Tellerchen und neun Messerchen. Weiter nahm er eine schwarze Henne, hielt sie über einer Kohlpfanne und riss ihr den Kopf ab, sodass das Blut in das Essen hineintropfte. Dazu führte er noch manches seltsame Gebaren auf.

Hernach ging er ins Freie und warf von diesem Essen ein Stück gegen Morgen, das andere gegen Abend und begann danach seine Beschwörung. Wie dies geschehen war, versteckte er sich hinter einem Baum und beobachtete, dass zwei Erdmännlein sich aus der Erde mühten, zu Tisch setzten und bei dem kostbaren Rauchwerke, das auch vorhanden gewesen, sogleich gegessen haben. Nun hat er ihnen Fragen vorgelegt, worauf sie ihm antworteten.

Nachdem er diese Beschwörung öfters vorgenommen hatte, sind die kleinen Geschöpfe so vertraut geworden, dass sie auch zu ihm ins Haus gekommen sind. Hatte er nicht recht aufgewartet, so sind sie entweder nicht erschienen oder doch bald wieder verschwunden. Er hat auch einmal ihren König herbeigelockt, der dann allein kam in einem roten Scharlachmäntelein. Darunter trug er ein Buch, das er auf den Tisch legte und dem Peter Cruz erlaubte, so viel und so lange er wollte darin zu lesen. Daraus erfuhr der Mensch große Weisheit und Geheimnisse. Ob er aber auch das Geheimnis, selig zu sterben, in diesem Buch gelesen hatte, ist Gott allein bekannt.

Nach Schöppner: Sagenbuch der bayerischen Lande und
Bechstein: Deutsches Sagenbuch sowie Brüder Grimm: Deutsche Sagen

Voodoo in Franken? Ja, ist das denn die Möglichkeit? werden manche vielleicht denken. Die Vorstellung, dass es Elementargeister gibt, die sich hervorlocken lassen können, ist weit verbreitet in Europa. Auch das Hühnertöten als Brauchtum ist so selten nicht, so zum Beispiel das Hahnrupfen bei den Sorben. Gut ist, dass in dieser Sage keine näheren Angaben zu den Begleitumständen, etwa den Beschwörungssprüchen, gemacht werden. Ausprobieren, ob diese Art der Beschwörung klappt, ist also sinnlos und außerdem verstößt man damit gegen das Tierschutzgesetz.

Ein weißer Geist zu Nürnberg

Um das Jahr 1672 lebte in Nürnberg ein Goldschmied mit seiner Frau und sechs Kindern. Diese Frau hatte einen Geist mit in die Familie gebracht, der immer um sie war und ihr vorhersagte, was ihr begegnen würde. Er zeigte sich in Gestalt eines weißgekleideten Kindes, welches eine Sanduhr in der Hand trug. Einmal sprach er zu ihr: »Frau, ihr wäret tot gewesen, hätte nicht ein Sandkörnchen, welches ein Loch in diesem Gläschen gestopft hat, euch geholfen.« Eine Woche kam sie in hohes Fieber, überlebte dieses aber glücklich. Ein anderes Mal warnte er sie, nicht aus dem Hause zu gehen, denn sonst stürze sie sich in große Gefahr. Gern wäre sie dem Rat gefolgt, doch drängten ihre häuslichen Geschäfte zu sehr und so ging sie fort. Da hatte sie in der Tat ein großes Unglück.

Bei Nacht sprach sie häufig mit dem Geist, sang mit ihm sehr schöne andächtige Lieder und Psalmen, was ihr Mann am Tage nie an ihr bemerkte. Einmal bekam sie Lust, den Geist, der gewöhnlich unsichtbar um sie war, zu sehen. Sie bat ihn so lange darum, bis er es ihr zugestand. Doch er warnte sie dabei und sprach, ihre Neugier werde sie später bereuen. Als sie nun wenige Tage später in ihrer Kammer etwas zu tun hatte, sah sie an der Mauer im Schatten ein Kind von derselben Gestalt, wie sie es von dem Geist gewohnt war, welches aber gleich darauf verschwand. Kurz darauf fiel sie in eine schwere Krankheit und – der Geist hatte sie danach verlassen.

Nach Schöppner: Sagenbuch der Bayerischen Lande

Vorwitz wird in der Regel bestraft, das soll wohl auch diese Sage zeigen, und auch, dass zu große Neugierde nicht guttut, allzu große Vertraulichkeit mit Geistern ebenso wenig. Dass Geister und Gespenster sich auch in Nürnberg wohlgefühlt haben, zeigen eine ganze Reihe derartiger Sagen. Ob das heute auch noch so ist?

Der Nusskaspar

Von dem am Fuß der Kaiserburg gelegenen Ölberg ging in früherer Zeit die bekannte Sage, dass sich daselbst an jedem Silvesterabend ein Bauer aus dem Knoblauchlande sehen lasse, der jedem Vorübergehenden mit flehentlichen Gebärden zuruft: »Kauft mir meine Nüsse ab!«. Diese liegen wie lauteres funkelndes Gold in einem Korb vor ihm. An diesen Platz soll ihn einst der Teufel verwünscht haben, einzig darum, weil er nicht den Mund halten konnte. Es ging ihm damals recht schlecht und er wusste nicht, wie er sich mit seinem Weib und den Kindern durchbringen sollte. Die

Sorgen verleiteten ihn zum Trunk und in einer kalten Silvesternacht schlief er an dem Felsen, auf denen das Schloss steht, in der Nähe des Ölbergs also, ein.

Er wäre unfehlbar erfroren, wenn ihn nicht ein Mann in Jägerkleidung aufgerüttelt und geweckt hätte. Diesem erzählte er nun sein Elend, die Glocke von St. Sebald kündete eben Mitternacht, in der Stadt herrschte fröhliches Treiben und es fiel dem armen Bauer schwer aufs Herz, dass er nicht mitmachen konnte, weil er so arm und verlassen war. Der Jäger tröstete ihn und meinte, es wäre ihm wohl zu helfen, aber er müsse darüber sein ganzes Leben lang schweigen können, sonst wäre er verloren für Zeit und Ewigkeit! Das gelobte der Bauer hoch und heilig und verschwor sich des Teufels werden zu wollen, wenn er irgendeinem auch nur ein Wörtchen davon sage, falls ihm nur geholfen werden würde. Darauf hieß ihn der Jäger, der natürlich niemand anderer war als der »Gott sei bei uns« selber, heimzugehen und in der nächsten Mitternacht von seinem Baum Nüsse zu pflücken. Diese würden sich in Gold verwandeln und ihm aus aller Not helfen.

Der Bauer glaubte erst, dass ihn der Jäger zum Narren halten wollte. Als aber der Fremde plötzlich verschwunden war, hatte er auch des Bauern Rausch mitgenommen. Kaspar, so war sein Name, ging völlig nüchtern von dannen und tat in der anderen Nacht, wie ihm der Jäger geraten. Er traute seinen Augen kaum, als er sich plötzlich im Besitz eines so großen Schatzes sah, denn wenn auch nur noch wenige Nüsse auf seinem Baum hingen, so waren sie doch vom feinsten Gold. Als er damit nach Nürnberg wanderte und vorsichtig eine einzige davon einem Goldschmied zeigte, dem er schuldig war und der ihm zu Allerheiligen seine letzte Kuh aus dem Stalle führen ließ, bot ihm dieser eine so große Menge Taler dafür, wie er sein Lebtag nicht gesehen, geschweige denn im Besitz gehabt hatte.

Er lebte nun herrlich und in Freuden, bezahlte alle seine Schulden, baute sein Häuschen neu auf und erregte natürlich bald den Neid seiner Nachbarn, die sich nicht erklären konnten, wie Kaspar auf einmal zu diesem Reichtum gekommen sei. Das kümmerte ihn aber wenig, er log ihnen von einer großen Erbschaft vor, und guten Geschäften, die er in der Stadt gemacht hätte. So wäre alles gut gewesen, wenn nur sein Weib ihre Neugier hätte bezähmen können. Aber die Grete wollte durchaus wissen, woher das viele Geld her sei, das gar kein Ende nehmen wollte, obgleich der Goldschmied nur die Hälfte von dem Wert der Nüsse zahlte, die Kaspar ihm brachte.

Mitten im Wohlleben vergaß der Bauer, was er versprochen hatte. Der Jäger ließ sich nicht mehr sehen und um nur endlich einmal Ruhe von seinem Weibe zu haben, erzählte er ihr den ganzen Hergang, wie er zu seinem Reichtum gekommen war. Er hatte noch mehr als die Hälfte Nüsse in seiner Truhe und dachte, damit für sich und seine Familie genug zu haben. Doch wie erschrak er, als er am nächsten Morgen eine der Nüsse zum Goldschmied tragen wollte und sah, dass alle Nüsse schwarz wie Kohlen geworden waren. Nun war's aus mit dem Reichtum, die letzten Taler waren ausgegeben, und bald musste er auch sein Häuschen und sein Vieh verkaufen. Nun stand er wieder bettelarm da wie zuvor.

Da wollte er versuchen, ob er den Jäger nicht wieder zu Gesicht bekommen könnte, damit er ihm noch einmal helfe. Er ging um Mitternacht zum Ölberg, denn er ahnte, dass dies die rechte Stunde sein musste, um dem rätselhaften Jäger eine Visite abzustatten. Damit hatte er es auch getroffen. Schlag zwölf Uhr stand der Jäger vor ihm, aber er befand sich nicht in der besten Stimmung, sondern hielt dem Kaspar mit donnernder Stimme seinen Wortbruch vor. Als dieser eine Entschuldigung daher stammelte und um nochmalige Hilfe bitten wollte, packte ihn der Jäger wie mit eisernen Klammern am Halse, drehte ihn ein paarmal herum, warf ihn zu Boden und verschwand dann unter höhnischem Gelächter.

Am anderen Morgen fanden die Stadtknechte den Bauern, mit in den Nacken gekehrtem Antlitz am Ölberg liegen. Seitdem hielt der Nusskaspar, wie ihn das Volk nannte, alljährlich in der Silvesternacht seine goldenen Nüsse am Ölberg feil, und wehe dem, der sich von ihrem gleißenden Schimmer verblenden ließ, und von dem Nusskaspar Nüsse nahm, die er mit so flehender Stimme anbot. Er teilte das Los des Unglücklichen und war den Mächten der Hölle verfallen.

Nach Priem: Nürnberger Sagen und Geschichten

Zwischen Nürnberg, Fürth und Erlangen liegt ein Gemüseanbaugebiet, das als eines der größten seiner Art in Deutschland zählt. Und das nicht erst seit heute. Die Geschichte reicht bis weit ins Mittelalter zurück. Urkunden aus dem 15. Jahrhundert kennen bereits diesen

Namen, der wohl von umfangreichen Zwiebelzuchten herrührt. Natürlich werden nicht nur Zwiebeln angebaut, sondern das ganze Gemüsesortiment von A wie Artischocken bis Z wie Zucchini. Im 17. und 18. Jahrhundert blühte auch der Tabak in dieser Region. Das Gemüse wurde in den umliegenden Städten verkauft. So wird auch der Kaspar seine Nüsse und andere Früchte in Nürnberg angeboten haben können, wenn es ihn denn gegeben hätte. Andere Dokumente als die Aufzeichnung in den Sagen über ihn gibt es allerdings nicht.

Der Teufel als Jägersmann

In einem Dorf bei Nürnberg war einmal eine Bauerndirne, die hatte zu ihrem Liebsten einen Jägersmann. Wenn sie ins Gras ging, kam er immer aus dem Wald heraus und begleitete sie. Wollte sie dann heuen auf der Wiese, sprach er: »Lasse das nur gut sein, liebes Mädel«, zog sie nieder ins Gras, lachte, schäkerte und liebelte mit ihr. War es dann Zeit zum Nachhause gehen, so hatte die Magd nichts mehr zu tun als das Heu einzuraffen, denn geschnitten war es schon. Das hatte die Dirne einen ganzen Frühling und Sommer getrieben, als sie es einmal in lustiger Laune ihrer Bäuerin erzählte. »Ich arbeite nichts«, sagte sie, »und doch ist das Heu immer geschnitten.«

Die Bäuerin schüttelte den Kopf, dachte dabei, es kann nicht mit rechten Dingen zugehen und erstattete dem Pfarrer Bericht. Der ließ die Magd kommen, segnete und weihte sie und hieß sie, ihrem Jäger einmal, gleichsam aus Spaß, den linken Stiefel auszuziehen. Die Dirne tat es bei nächster Gelegenheit und erkannte zu ihrem Entsetzen am Bocksfuße den leibhaftigen Satan. Darauf hat ihr der Pfarrer zwei Kräutlein gegeben, die sollte sie auf dem Herzen tragen, so ihr das Leben lieb wäre. Von dieser Zeit an ließ sich der Jäger nicht wieder sehen, wenn die Dirne zum Heuen ging, wohl aber sahen ihn Leute zu Mitternacht um das Haus schleichen, in welchem die Magd wohnte. Auch wollen sie ihn klagen gehört haben: »Weihreutla und Mireutla bringt mi ums Bräutla.«

Nach Schöppner: Sagenbuch der Bayerischen Lande und
Friedrich Panzer: Bayerische Sagen und Bräuche

Vermutlich kam der Teufel im Jägerdress in Nürnberg und Umland besonders gut an. Aber die Sache mit dem Heuen ist auch nicht schlecht. Wer läge nicht gerne auf der faulen Haut und ließe die Arbeit von selbst geschehen? Besonders dort, wo immer viel Arbeit zu tun ist, in der Landwirtschaft und im Handwerk, da blühen auch Sagen und Märchen, die von solcherart Arbeitserleichterung erzählen. Die Heinzelmännchen aus Köln gehören auch dazu. Und immer sind es die Menschen selbst, die diese Art von Arbeitserleichterung wieder zerstören.

Der seltsame Nagelschmiedgeselle

Einmal kam ein fremder Geselle zu einem Nagelschmied in Nürnberg und bat um Arbeit, stellte aber gleich die Bedingung, nur zwei Stunden des Tags arbeiten zu müssen und die übrige Zeit für sich zu benützen. Das befremdete den Meister, er ging aber dennoch auf die Bedingung ein, mehr aus Neugierde, was an dem Menschen sei, als aus Hoffnung auf Gewinn. Nachdem er dem Gesellen aufgetragen hatte, mit welcher Sorte von Nägeln er zu beginnen habe, machte sich dieser schon früh drei Uhr an die Arbeit. Mit jedem Schlag flog ein Nagel vom Amboss, und schon nach einer halben Stunde lag ein großer Haufe Nägel da. Staunend sah ihm sein Nebengesell zu. Es wurde ihm unheimlich zu Mut. So lief er und weckte den Meister: »Wenn der Fremde noch eine Stunde arbeitet, ist aller Vorrat des Eisens verschmiedet«.

Neugierde trieb den Meister aus dem Bett und er fand alles, wie ihm jener Geselle berichtet hatte. Der Nagelschmied hatte immer einen ordentlichen Lebenswandel geführt, und in Erwägung dessen, sowie des Gewinnes, beschwichtigte er sein Gewissen, sollte es auch bei dem Gesellen nicht mit rechten Dingen zugehen. Mit dem Schlag fünf Uhr warf der Geselle den Hammer weg, reinigte und bekleidet sich und war dann den ganzen Tag nicht mehr zu sehen.

So ging es mehrere Wochen hindurch, und der Meister befand sich ganz gut dabei. Eines Abends traf er seinen Gesellen in einem Wirtshause vor dem Tor. Beide zechten munter miteinander, denn der Geselle hatte viel Geld und ließ wacker einschenken. Als es dunkel wurde und der Meister nach Hause gehen wollte, lud ihn der Geselle ein, eines seiner beiden im Hof stehenden Pferde zu besteigen und mit ihm nach Hause zu reiten. Das ließ sich der Meister gefallen. Kaum aber saßen sie auf den Pferden – es waren ein Schimmel und ein Rappe –, ging es in Sturmeseile über Berg und Tal, durch Wald und über Wiesen, dass dem Meister Hören und Sehen verging. Des anderen Tages lag er unverletzt auf dem Gipfel des fünf Stunden von Nürnberg entfernten Rothenberger. Der Geselle aber ließ sich nie wieder sehen.

Nach Panzer: Bayerische Sagen und Gebräuche

Nagelschmiede gehören der Zunft der Schmiede an und waren auf das Schmieden von Nägeln spezialisiert. Nägel werden seit der Eisenzeit verwendet. Die Spezialisierung im Schmiedehandwerk zu »Naglern«, wie sie auch genannt werden, ist seit dem 14. Jahrhundert belegt. In Nürnberg sind sie erstmals 1349 nachgewiesen. Die Gesellenzeit wurde ab dem 15. Jahrhundert wie in anderen Handwerksberufen auch als Wanderjahre absolviert. Der Niedergang dieses Handwerks begann mit der maschinellen Fertigung von Nägeln im 19. Jahrhundert. Über die Geschichte dieses Nagelschmiedgesellen mag sich jeder seine eigenen Gedanken machen.

Der Schwedenkrug

In Gustav Adolfs Heer dienten schon während seiner früheren Feldzüge gegen die Dänen und Polen viele Deutsche. Unter ihnen soll sich auch ein Nürnberger befunden haben, der nach seiner Heimkehr aus dem Krieg Wirt einer Schenke in seiner Vaterstadt wurde und das Haus am unteren Eck des Pfarrgässchens besaß, welches bis in die neuere Zeit das Schild »Zur goldenen Ente« führte. Zwei alte Wandgemälde an diesem Hause, eines eine Land-, das andere eine Seeschlacht darstellend, haben vermutlich den Stoff zu der Sage gegeben, die uns berichtet, dass jener Wirt und frühere Soldat unter des Schwedenkönigs Heer bei dessen Anwesenheit in Nürnberg auf den Gedanken kam, sich ihm als früheren Waffengefährten vorzustellen. Der König

empfing den Wirt, dessen er sich als einen wackeren Soldaten erinnerte, in der ihm eigenen leutseligen Weise, forderte ihn auch auf, sich eine Gnade auszubitten, und ließ ihn reichlich bewirten. Aber der alte Krieger beschränkte alle seine Wünsche auf den einzigen, dass ihm sein König Gustavus Adolphus die Ehre eines Besuchs in seiner Wirtschaft schenken möge. Diese Bitte wurde ihm freundlich gewährt. Der König kam, nur von wenigen Offizieren begleitet, in die Schenke des ehemaligen Soldaten, nahm daselbst ein Frühstück ein und soll auch mit ihm Schach gespielt haben. Zur Erinnerung an diesen Ehrentag habe der Wirt die erwähnten beiden Gemälde an seinem Haus anbringen lassen, wird erzählt. Sie dürften aber wohl später entstanden sein, denn die Kostüme erinnern mehr an die Zeit Karls des XII. als an die des Dreißigjährigen Krieges. Längere Zeit wurde der Pokal, aus dem der König getrunken haben soll, und ein Schachspiel, dessen Figuren aus dem Blei von Schwedenkugeln geformt waren, in dem Hause aufbewahrt.

Im Jahre 1829 entschloss sich der damalige Besitzer der Gastwirtschaft »Zur goldenen Ente«, Wilhelm Weiß, das Schild mit der auf dem Haus ruhenden Sage in Einklang zu bringen, ließ die Gemälde, von denen aber zu jener Zeit nur noch das mit der Schlacht der Schweden gegen die Polen vorhanden ist, restaurieren und taufte die Wirtschaft in »Zum Schwedenkrug« um.

Nach Priem: Nürnberger Sagen und Geschichten

Ich habe diese Sage nicht in die erste Sagentour mit aufgenommen, weil es dieses Haus nicht mehr gibt, weder in der Pfarrgasse, noch am unteren oder oberen Bergauerplatz, wie in anderen Sagenquellen vermerkt.

Der Dudelsackpfeifer

An einem Hause an der Färbersbrücke, der ehemaligen Weinschenke »Zum schwarzen Adler« gegenüber, war früher eine Freskomalerei zu sehen, die einen Mann mit einem Dudelsack darstellte. Sie ist längst verschwunden, aber die Sage, die sich an sie knüpfte, hat sie überdauert.

Zu Anfang des fünfzehnten Jahrhunderts wütete in ganz Europa die schreckliche Pest, die man in Deutschland »schwarzer Tod« nannte, da sie die Haut der Erkrankten mit schwarzen Flecken bedeckte, welche bald zu fauligen, eiternden Beulen wurden, worauf der Tod in wenigen Tagen, ja oft nach wenigen Stunden eintrat.

Die Ärzte in jener Zeit kämpften vergebens mit dem furchtbaren Übel, das sich ungeheuer rasch ausbreitete und besonders in den Städten Tausende von Opfern in kurzer Zeit hinraffte. In Straßburg, Lübeck, Basel, Erfurt fielen unzählige Menschen dieser verheerenden Krankheit zum Opfer, und auch in Nürnberg starben ganze Straßen aus. So soll eine Bäuerin, die, nachdem die Epidemie ausgewütet hatte, Milch zur Stadt trug, in einer der Gassen der damaligen östlichen Vorstadt keine menschliche Seele angetroffen haben.

In dieser Zeit des Schreckens und der allgemeinen Not lebte ein Musikant in Nürnberg, der es in seiner Kunst nicht weiter als bis zum Dudelsackpfeifer, dagegen in der des Trinkens zur Virtuosität gebracht hatte. Dieser Sackpfeifer dudelte und trank vom frühen Morgen an bis in die späte Nacht und selbst das Wüten des Würgengels brachte ihn nicht zu Besinnung. Er trieb es womöglich noch ärger als zuvor. »So lang wir«, sagte er oft zu seinen lustigen Zechbrüdern, »den Dudelsack zum Totentanz spielen, so lange tanzen wir ihn nicht selbst mit. Also immer lustig und frisch drauf los!«

Aber es fehlte nicht viel, so hätte ihn der Sensenmann doch noch zum Salto mortale aufgefordert. Stockbetrunken blieb er eines Nachts mitten auf der Straße liegen. Kurze Zeit nachher, als er sich so sanft gebettet hatte, fuhr der Pestwagen, der die am Tag Gestorbenen aus der Stadt brachte, an dem Betrunkenen vorüber. Da man ihn, der wie leblos dalag, für einen Pesttoten hielt, wurde er mitsamt seinem Instrument, das er umhängen hatte, ohne viel Umstände zu den Toten auf den Wagen geworfen. Das Rütteln und Stoßen weckte endlich den Musikanten aus seinem Todesschlaf. Aber welches

Entsetzen erfasste den völlig nüchtern Gewordenen, als er sich auf diesem Wagen erblickte, dem alle Menschen, wen sie ihn nur von ferne sahen, straßenweit auswichen, und er sich in dieser grauenhaften Gesellschaft fand, die zu ihrer letzten Ruhestätte geführt wurde. Er wollte schreien, aber der Schrecken hatte seine Zunge gelähmt, er wollte vom Wagen springen, aber zentnerschwer lag es ihm in den Gliedern. In dieser Herzensangst erschien ihm sein Dudelsack als ein treuer Gefährte und Helfer in der Not. Und dieser, der ihm durch viele Jahre ein bewährter Freund gewesen, verließ ihn auch in diesen schrecklichen Augenblicken seines Lebens nicht. Wie noch niemals paukte der dem Grabe lebendig zufahrende Tonkünstler mit dem rechten Arm auf seinen Dudelsack los, und blies in die Pfeife, als wollte er seine ganze Reisegesellschaft zum jüngsten Gericht erwecken. Es war aber keine lustige Tanzweise, die er aufspielte, und wie sie seine Zechbrüder von ihm zu hören gewohnt waren, sondern ein frommes, geistliches Lied, dessen Melodie auf dem Pestwagen erklang.

Anfänglich achtete der Fuhrmann nicht auf die Jammertöne, von denen er glaubte, dass sie aus irgendeinem Hause kämen, wo man damit vielleicht wieder einen Verstorbenen beklagte. Als aber die Pfeife immer greller und schriller durch die stille Nacht tönte, stieg er doch endlich mit geheimen Grauen vom Pferd, und sah quer über dem Haufen der Toten den Dudelsackpfeifer sitzen, der, als er den sich bekreuzigenden Fuhrmann erblickte, mit flehend aufgehobenen Händen bei allen Heiligen schwur, dass er kein Gespenst, sondern ein lebendiger Mensch sei, der nicht wisse, wie er auf diesen Wagen gekommen. Der Fuhrmann, der dies am besten wusste, half dem armen Dudelsackvirtuosen von seinem grausigen Ruhesitz herab und fuhr weiter seines Weges, wahrscheinlich denkend, dass sein blinder Passagier über kurz oder lang doch diese Reise machen müsse. Aber die Sage erzählt uns, dass der lustige Musikant gesund und frisch geblieben sei, und den ganzen Pestjammer glücklich überstanden habe. Doch das übermäßige Trinken gewöhnte er sich ab, soweit es bei dem Betrieb seines Geschäfts nur immer möglich war. Wenigstens soll er keine Straßenrinne mehr zu seinem Nachtlager erwählt haben.

Nach Priem: Nürnberger Sagen und Geschichten

Wenngleich das Dudelsackfresko nicht mehr zu finden ist, so kann Nürnberg doch gleich zwei Dudelsackpfeiferbrunnen aufweisen. Einen am Unschlittplatz und einen in der Lammsgasse, in der nordwestlichen Altstadt. Außerdem gibt es von Albrecht Dürer einen Kupferstich mit einem Dudelsackpfeifer und somit ist diese Sage kein schlechter Abschluss für dieses Buch.

Quellen

Theodor Aufsberg
Sagen und Geschichten aus Mittelfranken
Nürnberg 1894

Ludwig Bechstein
Deutsches Sagenbuch
Meersburg und Leipzig, 1830

J. M. F. v. Endter (Hrsg.)
Meister Frantzen Nachrichter alhier in Nürnberg, all sein Richten am Leben, so wohl seine Leibs Straffen, so er verricht, alles hierin ordentlich beschrieben, aus seinem selbst eigenen Buch abgeschrieben worden
Nürnberg, 1801

Brüder Grimm
Deutsche Sagen
Berlin, 1816

J. M. Lotter
Sagen, Legenden und Geschichten der Stadt Nürnberg
Nürnberg, 1899

Magistrat der königlich bayerischen Stadt Nürnberg
Bekanntmachung einen in widerrechtlicher Gefangenschaft aufgezogenen und gänzlich verwahrlosten, dann aber ausgesetzten jungen Menschen betreffend
Nürnberg, 1828

Friedrich Panzer
Bayerische Sagen und Bräuche, 2 Bände
München, 1855

Johann Paul Priem
Nürnberger Sagen und Geschichten, 2. und vermehrte Auflage
Nürnberg, 1877

Heinrich Pröhle
Deutsche Sagen
Berlin, 1879

Alexander Schöppner
Sagenbuch der bayerischen Lande, 3 Bände
München, 1852–1853

Gustav Schwab
Die deutschen Volksbücher für Jung und Alt wiedererzählt, 2. Auflage
Stuttgart, 1843

Karl Stritzke
Es war einmal – Nürnberger Sagen und Geschichten
Nürnberg, 1959

Steffen Winter
Tod am Kloster
in: DER SPIEGEL Nr. 29/14.7.2018, S. 94 f.